CADERNO DE EXERCÍCIOS CAIXA ECONÔMICA FEDERAL

EDITORA
AlfaCon
Concursos Públicos

Diretor Geral: Evandro Guedes
Diretor de TI: Jadson Siqueira
Diretor Editorial: Javert Falco
Editor Responsável: Mateus Ruhmke Vazzoller
Coordenação de Editoração: Alexandre Rossa

Dados Internacionais de Catalogação na Publicação (CIP)
Jéssica de Oliveira Molinari CRB-8/9852

C129

Caderno de exercícios : Caixa Econômica Federal 2ª Edição/ Equipe de professores Alfacon. – Cascavel, PR : AlfaCon, 2024.

110 p.

Bibliografia
ISBN 978-65-5918-728-7

1. Serviço público - Concursos – Brasil 2. Caixa Econômica Federal - Concursos 3. Língua portuguesa 4. Informática 5. Matemática 6. Probabilidade 7. Estatística 8. Atendimento bancário I. Série

22-1150 CDD 351.81076

Índices para catálogo sistemático:
1. Serviço público - Brasil - Concursos

Proteção de direitos
Todos os direitos autorais desta obra são reservados e protegidos pela Lei nº 9.610/98. É proibida a reprodução de qualque parte deste material didático, sem autorização prévia expressa por escrito do autor e da editora, por quaisquer meios empregados sejam eletrônicos, mecânicos, videográficos, fonográficos, reprográficos, microfílmicos, fotográficos, gráficos ou quaisquer outro que possam vir a ser criados. Essas proibições também se aplicam à editoração da obra, bem como às suas características gráficas

Atualizações e erratas
Esta obra é vendida como se apresenta. Atualizações - definidas a critério exclusivo da Editora AlfaCon, mediante análise pedagógica - e erratas serão disponibilizadas no site www.alfaconcursos.com.br/codigo, por meio do código disponível no final do material didático Ressaltamos que há a preocupação de oferecer ao leitor uma obra com a melhor qualidade possível, sem a incidência de erros técnicos e/ou de conteúdo. Caso ocorra alguma incorreção, solicitamos que o leitor, atenciosamente, colabore com sugestões por meio do setor de atendimento do AlfaCon Concursos Públicos.

EDITORA
AlfaCon
Concursos Públicos

Rua Paraná, 3193- Centro
CEP -85810-010- Cascavel / PR
www.alfaconcursos.com.br

Data de fechamento 1ª impressão: 28/02/24

APRESENTAÇÃO

Para realizar o sonho de fazer parte da Caixa Econômica Federal (CEF), não basta ter vontade se não houver um bom planejamento, uma excelente organização e um material de qualidade. Por isso, saber fazer as escolhas certas faz uma grande diferença.

Nesse contexto, a Editora AlfaCon, sempre atenta às necessidades dos interessados em concursos públicos, apresenta a 2ª Edição do Caderno de Exercícios para o concurso. Este material, essencial para preparação, traz 584 questões gabaritadas das disciplinas básicas e específicas pertinentes aos concursos.

As questões são de concursos anteriores, focadas, em sua grande maioria, na banca Cesgranrio visam o aprimoramento dos conteúdos através da prática.

Com esta obra, a Equipe AlfaCon reitera o compromisso de produzir materiais de qualidade e voltados ao que é essencial à prova de Caixa Econômica Federal (CEF). Além disso, temos a certeza de que você terá em mãos um material que vai contribuir para a sua preparação e futura aprovação.

Bons Estudos.

SUMÁRIO

LÍNGUA PORTUGUESA

1 LÍNGUA PORTUGUESA

Relacionamento com o dinheiro

1 Desde cedo, começamos a lidar com uma série de situações ligadas ao dinheiro. Para tirar melhor proveito do seu dinheiro, é muito importante saber como utilizá-lo da forma mais favorável a você. O aprendizado e a aplicação de conhecimentos práticos de educação financeira podem contribuir para melhorar a gestão de nossas finanças pessoais, tornando nossas vidas mais tranquilas e equilibradas sob o ponto de vista financeiro.

2 Se paramos para pensar, estamos sujeitos a um mundo financeiro muito mais complexo que o das gerações anteriores. No entanto, o nível de educação financeira da população não acompanhou esse aumento de complexidade. A ausência de educação financeira, aliada à facilidade de acesso ao crédito, tem levado muitas pessoas ao endividamento exces- sivo, privando as de parte de sua renda em função do pagamento de prestações mensais que reduzem Suas capacidades de consumir produtos que lhes trariam satisfação.

3 Infelizmente, não faz parte do cotidiano da maioria das pessoas buscar informações que as auxiliem na gestão de suas finanças. Para agravar essa situação, não há uma cultura coletiva, ou seja, uma preo cupação da sociedade organizada em torno do tema. Nas escolas, pouco ou nada é falado sobre o assunto. As empresas, não compreendendo a importância de ter seus funcionários alfabetizados financeiramente, também não investem nessa área. Similar problema é encontrado nas famílias, nas quais não há o hábito de reunir os membros para discutir e elaborar um orçamento familiar. igualmente entre os amigos, assuntos ligados à gestão financeira pessoal muitas vezes são considerados invasão de privacidade e pouco se conversa em torno do tema. Enfim, embora todos lidem diariamente com dinheiro, poucos se dedicam a gerir melhor seus recursos.

4 A educação financeira pode trazer diversos benefícios, entre os quais, possibilitar o equilíbrio das finanças pessoais, preparar para o enfrentamento de imprevistos financeiros e para a aposentadoria, qualificar para o bom uso do sistema financeiro, reduzir a possibilidade de o indivíduo cair em fraudes, preparar o caminho para a realização de sonhos, enfim, tomar a vida melhor.

01. Considerando-se as regras da norma-padrão da língua portuguesa, a concordância nominal da palavra destacada está adequadamente construída em:

a) Naquela palestra, foram **abordadas** ensinamentos e orientações sobre o bom uso do dinheiro.

b) Sempre há **bastante** investidores interessados em discussões que abordam o mercado de ações.

c) Perderemos **menas** oportunidades se nos mantivermos sempre atentos ao mercado financeiro.

d) O mercado está vendo crescer uma tendência de conglomerados **francos-brasileiros** no país.

e) É **proibida** a movimentação financeira efetuada por menores no âmbito do direito financeiro.

02. A frase que, ao ser reescrita, guarda o mesmo sentido do trecho do parágrafo 3 "Enfim, embora todos lidem diariamente com dinheiro, poucos se dedicam a gerir melhor seus recursos." é:

a) Enfim, quando todos lidam diariamente com dinheiro, poucos se dedicam a gerir melhor seus recursos.

b) Enfim, por todos lidarem diariamente com dinheiro, poucos se dedicam a gerir melhor seus recursos.

c) Enfim, como todos lidam diariamente com dinheiro, poucos se dedicam a gerir melhor seus recursos.

d) Enfim, apesar de todos lidarem diariamente com dinheiro, poucos se dedicam a gerir melhor seus recursos.

e) Enfim, desde que todos lidem diariamente com dinheiro, poucos se dedicam a gerir melhor seus recursos.

03. No trecho do parágrafo 3 "As empresas, **não compreendendo a importância de ter seus funcionários alfabetizados financeiramente**, também não investem nessa área", a oração destacada tem valor semântico de

a) causa

b) proporção

c) alternância

d) comparação

e) consequência

04. Sendo a clareza um requisito básico da escrita, a seguinte frase **NÃO** apresenta ambiguidade, estando apta a figurar em um texto oficial:

a) A empresa que investe em seus funcionários cuida de seu equilíbrio financeiro.

b) O economista discutiu com o presidente da empresa, em sua sala, a melhor forma de gerir os negócios.

c) O nível de educação financeira da população, que cresceu muito nos últimos anos, é o tema da próxima palestra.

d) O diretor da escola comunicou ao professor que ele ofereceria um curso de educação financeira para a comunidade escolar.

e) Depois de ler o edital e seu anexo, o gestor solicitou a alteração deste.

05. O paralelismo sintático é uma das convenções estabelecidas para a escrita oficial. A frase cuja organização sintática está plenamente de acordo com essa convenção é:

a) É muito salutar que as pessoas se programem em relação à saúde e financeiramente.

b) O mundo financeiro, hoje, facilita o acesso ao crédito e leva ao endividamento progressivo.

c) Nossa vida financeira é saudável quando possibilita equilíbrio, segurança e que realizemos nossos sonhos.

d) A educação financeira orienta-nos na revisão de gastos excessivos e que comprometem nosso orçamento.

e) Os especialistas aconselham as escolas a promoverem momentos de discussão sobre educação financeira com os pais dos alunos e que ofereçam aulas sobre o tema para os alunos.

06. Considerando-se a organização composicional do texto lido, compreende-se que ele se classifica como

a) argumentativo, pois defende a ideia de que é importante saber lidar com o dinheiro

b) narrativo, pois relata o episódio de uma conversa sobre gestão financeira entre amigos.

c) descritivo, pois reproduz uma cena de elaboração de orçamento no cotidiano de uma família.

d) expositivo, pois apresenta informações objetivas sobre conceitos da área de educação financeira.

e) injuntivo, pois instrui acerca da elaboração de orçamentos para uma vida financeira mais saudável.

07. Considere a palavra destacada no seguinte trecho do parágrafo 2: "A ausência de educação financeira, aliada à facilidade de acesso ao crédito, tem levado muitas pessoas ao endividamento **excessivo**". Essa palavra pode, sem prejuízo do sentido desse trecho, ser substituída por

a) básico

b) essencial

c) inevitável

d) desmedido

e) imprescindível

08. O texto tem o objetivo primordial de

a) ensinar a gerir as finanças pessoais de maneira eficaz.

b) sensibilizar sobre a importância da educação financeira

c) prevenir quanto aos perigos do acesso facilitado ao crédito.

d) alertar para a complexidade maior do mundo financeiro atual.

e) sugerir a incorporação do hábito de elaborar orçamento familiar.

09. A frase em que o verbo apresenta a mesma predicação que o verbo **ocorrer** em "Isso **ocorre** porque um algoritmo pode executar essas tarefas" (parágrafo 5) é:

a) "**Entra** em cena então um novo quociente". (parágrafo 3)

b) "Esse quociente **envolve** também características como flexibilidade, curiosidade, coragem e resiliência." (parágrafo 4)

c) "A tecnologia **mudou** bastante a forma como alguns trabalhos são feitos". (parágrafo 5)

d) "você **é** um contador." (parágrafo 7)

e) "Seu QI o **ajuda** nas provas". (parágrafo 7)

O que é o QA e por que ele pode ser mais importante que o QI no mercado de trabalho

1 —— Há algum tempo, se você quisesse avaliar as perspectivas de alguém crescer na carreira, poderia considerar pedir um teste de QI, o quociente de inteligência, que mede indicadores como memória e habilidade matemática.

2 — Mais recentemente, passaram a ser avaliadas outras letrinhas: o quociente de inteligência emocional (QE), uma combinação de habilidades interpessoais, autocontrole e comunicação. Não só no mundo do trabalho, o QE é visto como um Kit de habilidades que pode nos ajudar a ter sucesso em vários aspectos da vida.

3 —— TantooQIquantoo QE são considerados importantes para o sucesso na carreira. Hoje, porém, à medida que a tecnologia redefine como trabalhamos, a habilidades necessárias para prosperar no mercado de trabalho também estão mudando. Entra em cena então um novo quociente, o de adaptabilidade (QA), que considera a capacidade de se posicionar e prosperar em um ambiente de mudanças rápidas e frequentes.

4 — O que não é apenas a capacidade de absorver novas informações, mas de descobrir o que é relevante, deixar para trás noções obsoletas, superar desafios e fazer um esforço consciente para mudar. Esse quociente envolve também características como flexibilidade, curiosidade, coragem e resiliência.

5 —— Amy Edmondson, professora de Administração da Harvard Business School, diz que é a velocidade vertiginosa das mudanças no mercado de trabalho que fará o QA vencer o Q. Automatiza-se facilmente qualquer função que envolva detectar padrões nos dados (advogados revisando documentos legais ou médicos buscando o histórico de um paciente, por exemplo), diz Dave Coplin, diretor da The Envisioners, consultoria de tecnologia sediada no Reino Unido. A tecnologia mudou bastante a forma como alguns trabalhos são feitos, e a tendência continuará. Isso ocorre porque um algoritmo pode executar essas tarefas com mais rapidez e precisão do que um humano.

6 —— Para evitar a obsolescência, os trabalhadores que cumprem essas funções precisam desenvolver novas habilidades, como a criatividade para resolver novos problemas, empatia para se comunicar melhor e responsabilidade.

7 —— Edmondson diz que toda profissão vai exigir adaptabilidade e flexibilidade, do setor bancário às artes. Digamos que você é um contador. Seu QI o ajuda nas provas pelas quais precisa passar para se qualificar; seu QE contribui na conexão com um recrutador e depois no relacionamento com colegas e clientes no emprego. Então, quando os sistemas mudam ou os aspectos do trabalho são automatizados, você precisa do QA para se acomodar a novos cenários.

8 —— Ter QI, mas nenhum QA, pode ser um bloqueio para as habilidades existentes diante de novas maneiras de trabalhar. No mundo corporativo, o QA está sendo cada vez mais buscado na hora da contratação. Uma coisa boa do QA é que, mesmo que seja difícil mensurá-lo, especialistas dizem que ele pode ser desenvolvido.

9 —— Comodiz Edmondson: ""Aprender a aprender é uma missão crítica. AÀ capacidade de aprender, mudar, crescer, experimentar se tornará muito mais importante do que o domínio de um assunto."

10. A palavra destacada funciona como um elemento de coesão retomando um antecedente, promove a continuidade do texto e exerce uma função sintática, na seguinte passagem:

a) "O **que** é o QA". (título)

b) "um algoritmo pode executar essas tarefas com mais rapidez e precisão do **que** um humano." (parágrafo 5)

c) "Para evitar a obsolescência, os trabalhadores **que** cumprem essas funções precisam desenvolver novas habilidades". (parágrafo 6)

d) "Edmondson diz **que** toda profissão vai exigir adaptabilidade e flexibilidade". (parágrafo 7)

e) "mesmo **que** seja difícil mensurá-lo, especialistas dizem que ele pode ser desenvolvido." (parágrafo 8)

11. Respeitando-se o ponto de vista sustentado pelo texto e adequando-se a seu sentido, a reunião dos trechos "as habilidades necessárias para prosperar no mercado de trabalho também estão mudando" (parágrafo 3) e "ter QI, mas nenhum QA, pode ser um bloqueio para as habilidades existentes diante de novas maneiras de trabalhar" (parágrafo 8) resulta no seguinte período:

a) As habilidades necessárias para prosperar no mercado de trabalho também estão mudando, embora ter QI, mas nenhum QA, possa ser um bloqueio para as habilidades existentes diante de novas maneiras de trabalhar.

b) Como as habilidades necessárias para prosperar no mercado de trabalho também estão mudando, ter QI, mas nenhum QA, pode ser um bloqueio para as habilidades existentes diante de novas maneiras de trabalhar.

c) Mesmo que as habilidades necessárias para prosperar no mercado de trabalho também estejam mudando, ter QI, mas nenhum QA, pode ser um bloqueio para as habilidades existentes diante de novas maneiras de trabalhar.

d) As habilidades necessárias para prosperar no mercado de trabalho também estão mudando, desde que ter QI, mas nenhum QA, possa ser um bloqueio para as habilidades existentes diante de novas maneiras de trabalhar

e) As habilidades necessárias para prosperar no mercado de trabalho também estão mudando, no entanto, ter QI, mas nenhum QA, pode ser um bloqueio para as habilidades existentes diante de novas maneiras de trabalhar.

12. A frase em que a concordância verbal atende ao que prevê a norma-padrão da língua portuguesa é:

a) Restava cerca de quinze candidatos para a entrevista.

b) Não sou eu que elabora as perguntas para as entrevistas.

c) No futuro, a maioria das tarefas poderão ser realizadas por algoritmos.

d) Nenhum de nós estamos preparados para a responsabilidade daquele cargo.

e) Mais de um indicador são usados para a seleção dos profissionais durante as entrevistas.

13. Embora priorizando a linguagem formal, os textos jornalísticos, por vezes, apropriam-se de aspectos da linguagem coloquial, buscando simular uma conversa com o leitor. Nesse texto, o trecho que exemplifica essa afirmação é:

a) "Tanto o QI quanto o QE são considerados importantes para o sucesso na carreira." (parágrafo 3)

b) "Esse quociente envolve também características como flexibilidade, curiosidade, coragem e resiliência." (parágrafo 4)

c) "Isso ocorre porque um algoritmo pode executar essas tarefas com mais rapidez e precisão do que um humano." (parágrafo 5)

d) "Seu QI o ajuda nas provas pelas quais precisa passar para se qualificar". (parágrafo 7)

e) "Ter QI, mas nenhum QA, pode ser um bloqueio para as habilidades existentes diante de novas maneiras de trabalhar." (parágrafo 8)

14. O trecho que evidencia a razão pela qual novos indicadores passaram a balizar o processo de seleção das empresas é:

a) "Há algum tempo, se você quisesse avaliar as perspectivas de alguém crescer na carreira, poderia considerar pedir um teste de QI". (parágrafo 1)

b) "o QE é visto como um kit de habilidades que pode nos ajudar a ter sucesso em vários aspectos da vida." (parágrafo 2)

c) "A tecnologia mudou bastante a forma como alguns trabalhos são feitos, e a tendência continuará." (parágrafo 5)

d) "Seu QI o ajuda nas provas pelas quais precisa passar para se qualificar". (parágrafo 7)

e) "Uma coisa boa do QA é que, mesmo que seja difícil mensurá-lo, especialistas dizem que ele pode ser desenvolvido." (parágrafo 8)

15. Ao abordar perspectivas de evolução na carreira, o texto destaca que a(s)

a) mudança no mercado se dará pela valorização do QE.

b) capacidade para a detecção de padrões será valorizada.

c) habilidades relacionadas ao QA poderão ser aprimoradas.

d) atividades relativas às artes serão excluídas das mudanças.

e) competências teóricas relacionadas ao QI serão evidenciadas.

16. De acordo com o texto, hoje a valorização do QA tende a superar a do QI e a do QE no ambiente de trabalho porque

a) as habilidades interpessoais são muito requeridas.

b) o conhecimento tecnológico é cada vez mais necessário.

c) a memória e a habilidade matemática são indicadores exigidos.

d) a capacidade de adaptação faz a diferença entre o homem e a máquina.

e) a automatização requer colaboradores que superem a rapidez e a precisão do algoritmo.

A palavra salário vem mesmo de "sal"?

1 Vem. A explicação mais popular diz que os sodados da Roma Antiga recebiam seu ordenado na forma de sal. Faz sentido. O dinheiro como o conhecemos surgiu no século 7 a.C., na forma de discos de metal precioso (moedas), e só foi adotado em Roma 300 anos depois.

2 Antes disso, o que fazia o papel de dinheiro eram itens não perecíveis e que tinham demanda garantida: barras de cobre (fundamentais para a fabricação de armas), sacas de grãos, pepitas de ouro (metal favorito para ostentar como enfeite), prata (o ouro de segunda divisão) e, sim, o sal.

3 Num mundo sem geladeiras, o cloreto de sódio era o que garantia a preservação da carne. À demanda por ele, então, tendia ao infinito. Ter barras de sal em casa funcionava como poupança. Você poderia trocá-las pelo que quisesse, a qualquer momento.

4 As moedas, bem mais portáteis, acabariam se tomnando o grande meio universal de troca — seja em Roma, seja em qualquer outro lugar. Mas a palavra "salário" segue viva, como um fóssil etimológico.

5 Só há um detalhe: não há evidência de que soldados romanos recebiam mesmo um ordenado na forma de sal. Roma não tinha um exército profissional no século 4 a.C. A força militar da época era formada por cidadãos comuns, que abandonavam seus afazeres voluntariamente para lutar em tempos de guerra (questão de sobrevivência).

6 A ideia de que havia pagamentos na forma de sal vem do historiador Plínio, o Velho (um contemporâneo de Jesus Cristo). Ele escreveu o seguinte: "Sal era uma das honrarias que os soldados recebiam após batalhas bem-sucedidas. Daí vem nossa palavra salarium." Ou seja: o sal era um bônus para voluntários, não um salário para valer. Quando Roma passou a ter uma força militar profissional e permanente, no século 3 a.C., o soldo já era mesmo pago na forma de moedas.

17. O período em que a palavra ou a expressão em destaque **NÃO** está empregada de acordo com a norma-padrão é:

a) As professoras **de que** falamos são ótimas.

b) A folha **em que** deve ser feita a prova é essa.

c) A argumentação **onde** é provado o crime foi dele.

d) O aluno **cujo** pai chegou é Pedro.

e) As meninas **que** querem cortar os cabelos são aquelas.

18. A concordância verbal está de acordo com as exigências da norma-padrão da língua portuguesa, na forma verbal destacada em:

a) Todas as pessoas do gabinete do diretor **foi** à reunião.

b) Os 10% dos funcionários da agência do sul **gosta** de chocolate.

c) Já **deu** sete horas no meu relógio.

d) **Surge**, quando menos se espera, novos trabalhos para fazer.

e) **Pesquisam**-se novas fórmulas de vacinas mais duráveis.

19. O período que corresponde, sem alteração de sentido, à reescritura de "Mesmo com o advento do papel-moeda, o escambo, ou troca de mercadorias, persistiu em diversas comunidades" é:

a) O escambo, ou troca de mercadorias, persistiu em diversas comunidades, apesar do advento do papel -moeda.

b) O escambo, ou troca de mercadorias, persistiu em diversas comunidades, haja vista o advento do papel- moeda.

c) Quando do advento do papel-moeda, o escambo, ou troca de mercadorias, persistiu em diversas comunidades.

d) Com o advento do papel-moeda, no entanto, o escambo, ou troca de mercadorias, persistiu em diversas comunidades.

e) Tanto quanto o advento do papel-moeda, o escambo, ou troca de mercadorias, persistiu em diversas comunidades.

20. A expressão "demanda garantida" (parágrafo 2) indica que

a) os itens em questão eram populares entre os cidadãos, que costumavam utilizar os itens mencionados.

b) os itens em questão eram valiosos porque se estragavam com facilidade.

c) os cidadãos buscavam itens com qualidade atestada.

d) os cidadãos costumavam pesquisar antes de escolher os itens.

e) apenas os cidadãos mais favorecidos tinham acesso a esses itens.

21. A palavra capaz de substituir o elemento em destaque no trecho "... e, **sim**, o sal" (parágrafo 2) sem alteração de sentido é

a) mesmo

b) até

c) logo

d) claro

e) portanto

22. A palavra ou expressão que promove a continuidade e a união do segundo parágrafo com o terceiro, retomando um elemento textual relevante, é

a) mundo

b) geladeiras

c) cloreto de sódio

d) infinito

e) momento

Privacidade digital: quais são os limites

1 Atualmente, somos mais de 126,4 milhões de brasileiros usuários de internet, representando cerca de 69,8% da população com 10 anos ou mais. Ao redor do mundo, cerca de 4 bilhões de pessoas usam a rede mundial, sendo que 2,9 bilhões delas fazem isso pelo smartphone.

2 Nesse cenário, pensar em privacidade digital é (quase) utópico. Uma vez na rede, a informação está registrada para sempre: deixamos rastros que podem ser descobertos a qualquer momento.

3 Ainda assim, mesmo diante de tamanha exposição, essa é uma discussão que precisa ser feita. Ela é importante, inclusive, para trazer mais clareza e consciência para os usuários. Vale lembrar, por exemplo, que não são apenas as redes sociais que expõem as pessoas. Infelizmente, basta ter um endereço de e-mail para ser rastreado por diferentes empresas e provedores. A questão central não se resume somente à política de privacidade das plataformas X ou Y, mas, sim, vao modo como cada sociedade vem paulatinamente estruturando a sua política de proteção de dados.

5 A segurança da informação já se transformou em uma área estratégica para qualquer tipo de empresa. Independentemente da demanda de armazenamento de dados de clientes, as organizações têm um universo de dados institucionais que precisam ser salvaguardados.

6 Estamos diante de uma realidade já configurada: a coleta de informações da internet não para, e esse é um caminho sem volta. Agora, a questão é: nós, clientes, estamos prontos e dispostos a definir o limite da privacidade digital? O interesse maior é nosso! Esse limite poderia ser dado pelo próprio consumidor, se ele assim quiser? O conteúdo é realmente do usuário?

7 Se considerarmos a atmosfera das redes sociais, muito possivelmente não. Isso porque, embora muitas pessoas não saibam, a maioria das redes sociais prevê que, a partir do momento em que um conteúdo é postado, ele faz parte da rede e não é mais do usuário.

8 Daí a importância da conscientização. É preciso que tanto clientes como empresas busquem mais informação e conteúdo técnico sobre o tema. Às organizações, cabe o desafio de orientar seus clientes, já que, na maioria das vezes, eles não sabem quais são os limites da privacidade digital.

9 Vivemos em uma época em que todo mundo pode falar permanentemente o que quer. Nesse contexto, a informação deixou de ser algo confiável

23. O grupo de palavras que atende às exigências relativas ao emprego ou não do hífen, segundo o Vocabulário Ortográfico da Língua Portuguesa, é

a) extra-escolar / médico-cirurgião

b) bem-educado / vagalume

c) portarretratos / dia a dia

d) arco-íris / contra-regra

e) subutilizar / sub-reitor

24. De acordo com as exigências da norma-padrão da língua portuguesa, a concordância verbal está corretamente empregada na forma destacada em:

a) Para entender o público das plataformas digitais, **analisaram**-se, durante dez semanas, o comportamento de jovens considerados viciados em aplicativos.

b) Em grupos de jovens usuários de redes sociais, **constataram**-se inúmeras situações de dependência crônica do uso de aparelhos celulares.

c) Nos serviços de ouvidoria das empresas de comunicação, **atendem**-se a reclamações de todos os tipos sobre falhas nas conexões telefônicas.

d) Nas análises sobre privacidade dos usuários, **atribuem**-se corretamente aos aplicativos de conversas a maior responsabilidade pela situação atual.

e) Com base em dados estatísticos, **estimam**-se que os jovens sejam os maiores responsáveis pela navegação nas redes sociais.

25. No trecho "Esse limite **poderia** ser dado pelo próprio consumidor, se ele assim quiser?" (parágrafo 6), a forma verbal destacada expressa a noção de

a) dever

b) certeza

c) hipótese

d) obrigação

e) necessidade

26. A palavra ou a expressão a que se refere o termo em destaque está corretamente explicitada entre colchetes em:

a) "sendo que 2,9 bilhões delas fazem **isso** pelo smartphone" (parágrafo 1) - [rede mundial]

b) "**Ela** é importante, inclusive, para trazer mais clareza e consciência para os usuários." (parágrafo 3) - [exposição]

c) "**Isso** porque, embora muitas pessoas não saibam, a maioria das redes sociais prevê que, a partir do momento" (parágrafo 7) - [redes sociais]

d) "a partir do momento em que um conteúdo é postado, **ele** faz parte da rede e não mais do usuário" (parágrafo 7) - [momento]

e) "É fato que **ela** não é segura, a questão, então, é como usá-la de maneira mais inteligente" (parágrafo 9) - [internet]

27. No trecho "Às organizações, cabe o desafio de orientar seus clientes, **já que**, na maioria das vezes, eles não sabem quais são os limites da privacidade digital" (parágrafo 8), a expressão destacada expressa a noção de

a) condição

b) finalidade

c) concessão

d) causalidade

e) comparação

28. O trecho em que a palavra destacada expressa uma opinião do autor é

a) "**Atualmente**, somos mais de 126,4 milhões de brasileiros" (parágrafo 1)

b) "**Infelizmente**, basta ter um endereço de e-mail para ser rastreado" (parágrafo 3)

c) "modo como cada sociedade vem **paulatinamente** estruturando a sua política" (parágrafo 4)

d) "**Independentemente** da demanda de armazenamento de dados de clientes" (parágrafo 5)

e) "época em que todo mundo pode falar **permanentemente** o que quer."(parágrafo 9)

29. Depois de questionar se o conteúdo que circula nas redes é realmente propriedade do usuário (parágrafo 6), o texto desenvolve a ideia de que

a) a maior parte dos usuários no mundo acessa a internet por meio de um smartphone.

b) a segurança da informação já se transformou em uma área estratégica para as empresas.

c) as empresas e os provedores conseguem rastrear os usuários por meio de endereço de e-mail.

d) as organizações devem conscientizar os clientes em relação aos limites da privacidade digital.

e) as pessoas deixam rastros na rede que podem ser descobertos a qualquer momento.

30. Um argumento que justifica a tese de que "pensar em privacidade digital é (quase) utópico" (parágrafo 2) aparece em

a) "A questão central não se resume somente à política de privacidade das plataformas X ou Y" (parágrafo 4)

b) "A segurança da informação já se transformou em uma área estratégica para qualquer tipo de empresa" (parágrafo 5)

c) "a partir do momento em que um conteúdo é postado, ele faz parte da rede e não é mais do usuário" (parágrafo 7)

d) "É preciso que tanto clientes como empresas busquem mais informação e conteúdo técnico sobre o tema" (parágrafo 8)

e) "Precisamos de consciência, senso crítico, responsabilidade e cuidado para levar a internet a um outro nível." (parágrafo 9)

Lições após um ano de ensino remoto na pandemia

1 No momento em que se tornam ainda mais complexas as discussões sobre a volta às aulas presenciais, o ensino remoto continua a ser a rotina de muitas famílias, atualmente.

2 Mas um ano sem precedentes na história veio acompanhado de lições inéditas para professores, alunos e estudiosos. Diante do pouco acesso a planos de dados ou a dispositivos, a alternativa de muitas famílias e professores tem sido se conectar regularmente via aplicativos de mensagens.

3 Uma pesquisa apontou que 83% dos professores mantinham contato com seus alunos por meio dos aplicativos de mensagens, muito mais do que pelas próprias plataformas de aprendizagem. Esse uso foi uma grande surpresa, mas é porque não temos outras ferramentas de massificação. A maior parte do ensino foi feita pelo celular e, geralmente, por um celular compartilhado (entre vários membros da família), o que é algo muito desafiador.

4 Outro aspecto a ser considerado é que, felizmente, mensagens direcionadas são uma forma relativamente barata de comunicação. A importância de cultivar interações entre os estudantes, mesmo que eles não estejam no mesmo ambiente físico, também é uma forma de motivá-los e melhorar seus resultados. Recentemente, uma pesquisadora afimou que "Aprendemos que precisamos dos demais: comparar estratégias, falar com alunos, com outros professores e dar mais oportunidades de trabalho coletivo, mesmo que seja cada um na sua casa. Além disso, a pandemia ressaltou a importância do vínculo anterior entre escolas e comunidades".

5 Embora seja difícil prever exatamente como o fechamento das escolas vai afetar o desenvolvimento. futuro dos alunos, educadores internacionais estimam que estudantes da educação básica já foram impactados. É preciso pensar em como agrupar esses alunos e averiguar os que tiveram ensino mínimo ou nulo e decidir como enfrentar essa ruptura, com aulas ou encontros extras, com anos (letivos) de transição.

31. A palavra ou a expressão a que se refere o termo em destaque está corretamente explicitada entre colchetes em:

a) "83% dos professores mantinham contato com **seus** alunos por meio dos aplicativos" (parágrafo 3) – [pesquisadores]

b) "**Esse uso** foi uma grande surpresa, mas é porque não temos outras ferramentas" (parágrafo 3) – [contato]

c) "Aprendemos que precisamos dos **demais**" (parágrafo 4) – [resultados]

d) "averiguar **os** que tiveram ensino mínimo ou nulo e decidir" (parágrafo 5) – [alunos]

e) "decidir como enfrentar **essa** ruptura, com aulas ou encontros extras" (parágrafo 5) – [desenvolvimento]

32. De acordo com a norma-padrão da língua portuguesa, a concordância do termo em destaque está plenamente respeitada em:

a) A capacitação dos técnicos e o atendimento aos trabalhadores da área da saúde precisam ser **desenvolvidos** em todo o país.

b) As famílias dos alunos e os professores da rede pública das diferentes regiões brasileiras devem ser **acolhidas** pelas direções das escolas.

c) O estudo das diferentes disciplinas e a realização de provas bimestrais, após a chegada da Covid-19, têm sido **planejadas** com muito cuidado.

d) O tratamento das doenças respiratórias e a vacinação de toda a população devem ser **implementadas** pelos órgãos responsáveis.

e) Os arquivos escolares e as notas dos estudantes necessitam ser **guardadas** com o maior sigilo para recuperação no futuro.

33. A concordância verbal está de acordo com as exigências da norma-padrão da língua portuguesa, na forma verbal destacada em:

a) **Aspiram**-se a bons cargos nas empresas para que seja possível superar os problemas causados pela inflação.

b) Com a chegada da pandemia causada pela Covid-19 **fazem** dois anos que não viajo nas férias escolares.

c) Nos últimos anos, **combatem**-se batalhas comerciais cotidianamente, devido às barreiras econômicas.

d) Em várias regiões do nosso país, **existe** problemas a serem resolvidos em todas as diversas áreas do conhecimento.

e) Para garantir a aprendizagem dos estudantes, **precisam**-se de equipamentos digitais capazes de atender a demandas escolares.

34. O trecho em que a palavra destacada evidencia a opinião do autor do texto é:

a) "o ensino remoto continua a ser a rotina de muitas famílias, **atualmente**." (parágrafo 1)

b) "tem sido se conectar **regularmente** via aplicativos de mensagens" (parágrafo 2)

c) "A maior parte do ensino foi feita pelo celular e, **geralmente**, por um celular" (parágrafo 3)

d) "**felizmente**, mensagens direcionadas são uma forma relativamente barata de comunicação" (parágrafo 4)

e) "Embora seja difícil prever **exatamente**" (parágrafo 5)

35. No trecho "A importância de cultivar interações entre os estudantes, **mesmo que** eles não estejam no mesmo ambiente físico" (parágrafo 4), a expressão destacada estabelece com a oração principal a relação de

a) condição

b) concessão

c) comparação

d) conformidade

e) proporcionalidade

36. No parágrafo 5, depois da afirmação de que educadores internacionais estimam que estudantes da educação básica já foram impactados pela falta de escolarização, desenvolve-se a ideia de que

a) o ensino remoto mediado por tecnologia permitiu a continuidade da escolarização durante a pandemia.

b) os alunos que foram prejudicados por esse processo precisarão ter aulas ou encontros extras para enfrentar essa ruptura.

c) a alternativa mais produtiva para realizar o ensino remoto tem sido a conexão via aplicativos de mensagens.

d) os professores, em sua grande maioria, mantiveram contato com os alunos por meio dos aplicativos de mensagens.

e) o celular, muitas vezes compartilhado pela família, foi a ferramenta mais utilizada para efetivar as atividades de ensino remoto.

37. Um argumento utilizado no texto para explicar o relativo sucesso do ensino remoto durante a pandemia é:

a) O baixo custo relacionado ao uso de aplicativos de mensagens.

b) O uso de plataformas de aprendizagem de alta tecnologia.

c) A oportunidade de utilização de imagens e áudios disponíveis na rede.

d) A possibilidade de aprofundamento dos conteúdos de várias disciplinas.

e) A qualidade do acesso às atividades devido à alta conectividade.

Medo da eternidade

38. A frase que guarda o mesmo sentido do trecho "Até que não suportei mais, e, atravessando o portão da escola, dei um jeito de o chicle mastigado cair no chão de areia." (l. 50-52) é:

a) Até que não suportei mais, e, como atravessei o portão da escola, dei um jeito de o chicle mastigado cair no chão de areia.

b) Até que não suportei mais, e, já que atravessei o portão da escola, dei um jeito de o chicle mastigado cair no chão de areia.

c) Até que não suportei mais, e, para que atravessasse o portão da escola, dei um jeito de o chicle mastigado cair no chão de areia.

d) Até que não suportei mais, e, embora atravessasse o portão da escola, dei um jeito de o chicle mastigado cair no chão de areia.

e) Até que não suportei mais, e, quando atravessei o portão da escola, dei um jeito de o chicle mastigado cair no chão de areia.

Jamais esquecerei o meu aflitivo e dramático
contato com a eternidade. Quando eu era muito pequena
ainda não tinha provado chicles e mesmo em
Recife falava-se pouco deles. Eu nem sabia bem de
5 que espécie de bala ou bombom se tratava. Mesmo
o dinheiro que eu tinha não dava para comprar: com
o mesmo dinheiro eu lucraria não sei quantas balas.
Afinal minha irmã juntou dinheiro, comprou e ao
Sairmos de casa para a escola me explicou:
10 — Tome cuidado para não perder, porque esta
bala nunca se acaba. Dura a vida inteira.
— Como não acaba? — Parei um instante na
Tua, perplexa.
— Não acaba nunca, e pronto.
23 Eu estava boba: parecia-me ter sido transportada
para o reino de histórias de principes e fadas. Peguei
a pequena pastilha cor-de-rosa que representava o
elixir do longo prazer. Examinei-a, quase não podia
acreditar no milagre. Eu que, como outras crianças,
29 às vezes tirava da boca uma bala ainda inteira, para
chupar depois, só para fazê-la durar mais. E eis-me
com aquela coisa cor-de-rosa, de aparência tão inocente,
tornando possível o mundo impossível do qual
eu já começara a me dar conta.
34 Com delicadeza, terminei afinal pondo o chicle na boca.

— E agora que é que eu faço? — Perguntei para não errar no ritual que certamente deveria haver.

— Agora chupe o chicle para ir gostando do docinho dele, e só depois que passar o gosto você começa a mastigar. E aí mastiga a vida inteira. A menos que você perca, eu já perdi vários.

Perder a eternidade? Nunca.

O adocicado do chicle era bonzinho, não podia dizer que era ótimo. E, ainda perplexa, encaminhávamo-nos para a escola.

— Acabou-se o docinho. E agora?

— Agora mastigue para sempre.

Assustei-me, não sabia dizer por quê. Comecei-a mastigar e em breve tinha na boca aquele puxa-puxa cinzento de borracha que não tinha gosto de nada. Mastigava, mastigava. Mas me sentia contrafeita. Na verdade eu não estava gostando do gosto. E a vantagem de ser bala eterna me enchia de uma espécie de medo, como se tem diante da ideia de eternidade de infinito.

Eu não quis confessar que não estava à altura da eternidade. Que só me dava aflição. Enquanto isso, eu mastigava obedientemente, sem parar.

39. No texto, foram empregadas as palavras **aí** (l. 31) e **ótimo** (l. 35), ambas acentuadas graficamente. Duas outras palavras corretamente acentuadas pelos mesmos motivos que **aí** e **ótimo** são, respectivamente,

a) juíz e ébano
b) Icaraí e rítmo
c) caquís e incrédulo
d) país e sonâmbulo
e) abacaxí e econômia

40. A frase em que a palavra ou expressão destacada respeita as regras ortográficas e gramaticais da norma padrão é:

a) As crianças querem estar **aonde** a fantasia está.
b) Queremos saber **por que** a ideia de eternidade nos fascina.
c) O gosto adocicado do chicle **mau** acaba e queremos outro.
d) Nada como balas e chicletes durante uma **seção** de cinema.
e) A ideia de viver para sempre persegue o homem **a** séculos.

41. No trecho "Agora não posso mastigar mais! A bala acabou!" (l. 54-55), o segundo período apresenta, em relação à informação explicitada no primeiro, uma noção de

a) causa
b) condição
c) consequência
d) modo
e) tempo

42. A narradora do texto experimenta um sentimento de perplexidade diante da ideia de eternidade. Esse sentimento se revela, explicitamente, no seguinte trecho:

a) "Eu nem sabia bem de que espécie de bala ou bombom se tratava." (l. 4-5)
b) "quase não podia acreditar no milagre." (l. 18-19)
c) "Perder a eternidade? Nunca." (l. 33)
d) "Acabou-se o docinho. E agora?" (l. 37)
e) "Eu não quis confessar que não estava à altura da eternidade." (l. 47-48)

43. No texto, a narradora suscita a reflexão acerca da eternidade a partir da

a) mentira que pregara na chegada à escola.
b) limitação que a falta de dinheiro lhe impunha.
c) descoberta de que o chicle não acabaria nunca.
d) relação afetiva que havia entre a ela e sua irmã.
e) satisfação que o gosto adocicado do chicle proporcionava.

Texto II

Beira-mar

Quase fim de longa tarde de verão. Beira do mar no Aterro do Flamengo próximo ao Morro da Viúva, frente para o Pão de Açúcar. Com preguiça, o sol começava a esconder-se atrás dos edifícios. Parecia resistirao chamado da noite. Nas pedras do quebra-mar Caniços de pesca moviam-se devagar, ao lento vai e vem do calmo mar de verão. Cercados por quatro ou cinco pescadores de trajes simples ou ordinários, e toscas sandálias de dedo.

— Bermuda bege de fino brim, tênis e camisa polo de marcas célebres, Ricardo deixara o carro em estacionamento de restaurante nas imediações. Nunca fisgara peixe ali. Olhado com desconfiança. Intruso. Bolsa a tiracolo, balde e vara de dois metros na mão. Aboa técnica ensina que o caniço deve ter no máximo dois metros e oitenta centímetros para a chamada pesca de molhes, nome sofisticado para quebra-mar. Ponta de agulha metálica para transmitir à mão do pescador maior sensibilidade à fisgada do peixe. É preciso conhecimento de juiz para enganar peixes.

'A uma dezena de metros, olhos curiosos viam o intruso montar o caniço. Abriu a bolsa de utensílios. Entre vários rolos de linha, selecionou os de espessura entre quinze e dezoito centésimos de milímetro, aindafiel à boa técnica.

— Na nossa profissão vivemos sempre preocupados e tensos: abertura do mercado, sobe e desce das cotações, situação financeira de cada país mundo afora. Poucas coisas na vida relaxam mais do que pescaria, cheiro de mar trazido pela brisa, e a paisagem marítima — costuma confessar Ricardo na roda dos colegas da financeira onde trabalha.

LOPES, L. Nós do Brasil. Rio de Janeiro: Ponteio, 2015, p.101. Adaptado.

44. A presença ou ausência de acento gráfico nem sempre se repete quando uma palavra está no singular ou no plural. Quanto ao emprego do acento gráfico, a seguinte palavra se altera quando vai para o plural:

a) item

b) viúva

c) açúcar

d) fiel

e) técnica

45. Assim como ocorre com a palavra **quebra-mar** (ℓ. 5 do Texto III), emprega-se obrigatoriamente o hífen, de acordo com o sistema ortográfico vigente, em

a) casa-comercial

b) linha-de-passe

c) peixe-espada

d) pedra-fundamental

e) sala-de-jantar

46. A concordância estabelecida com o verbo destacado está de acordo com as exigências da norma-padrão da língua portuguesa em:

a) Os caniços de pesca **pode** ser comprado pela internet.

b) Já não se **fazem** mais caniços de pesca como antigamente.

c) **Haviam** muitos anos que eu não levava caniços de pesca para o quebra-mar.

d) **Bastava** apenas dois caniços de pesca para Ricardo.

e) O caniço dos pescadores **eram** os melhores da praia.

47. Considere a seguinte passagem do Texto III: "A uma dezena de metros, olhos curiosos viam o intruso montar o caniço" (ℓ. 21-22) A reescritura na qual a regência do verbo destacada **NÃO** está de acordo com a norma-padrão é:

a) A uma dezena de metros, olhos curiosos espiavam o intruso, que montava seu caniço.

b) A uma dezena de metros, olhos curiosos observavam o intruso a montar o caniço.

c) A uma dezena de metros, olhos curiosos assistiam o intruso montar o caniço.

d) A uma dezena de metros, olhos curiosos espreitavam o intruso montando o caniço.

e) A uma dezena de metros, olhos curiosos deleitavam-se com o intruso a montar seu caniço.

48. No seguinte trecho do Texto III, a inversão das palavras, proposta entre colchetes, acarreta alteração semântica:

a) longa tarde de verão (ℓ. 1) [tarde longa de verão]

b) trajes simples ou ordinários (ℓ. 8) [trajes ordinários ou simples]

c) maior sensibilidade à fisgada (ℓ. 19) [sensibilidade maior à fisgada]

d) sempre preocupados e tensos (ℓ. 26-27) [preocupados e sempre tensos]

e) costuma confessar Ricardo (ℓ. 31) [Ricardo costuma confessar.]

49. A leitura atenta do Texto III mostra que Ricardo

a) trabalhava no setor de financiamento de material de pesca.

b) dava pouca importância aos pescadores simples do quebra-mar.

c) praticava a pesca por diletantismo nas horas de folga ou de lazer.

d) era um assíduo frequentador da beira do mar no Aterro do Flamengo.

e) dava mais importância ao ritual de preparação para a pescaria do que ao esporte.

Serviu suas famosas bebidas para Vinicius, Carybé e Pelé

Os pedaços de coco in natura são colocados no liquidificador e triturados. O líquido resultante é coado com uma peneira de palha e recolocado no aparelho, onde é batido com açúcar e leite condensado. Ao fim, adiciona-se aguardente.

A receita de Diolino Gomes Damasceno, ditada à Folha por seu filho Otaviano, parece trivial, mas a conhecida batida de coco resultante não é. Afinal, não é possível que uma bebida qualquer tenha encantado umtime formado por Jorge Amado (diabético, tomava sem açúcar), Pierre Verger, Carybé, Mussum, João Ubaldo Ribeiro, Angela Rô Rô, Wando, Vinicius de Moraes e Pelé (tomava dentro do carro).

Baiano nascido em 1931 na cidade de Ipecaetá, interior do estado, Diolino abriu seu primeiro estabelecimento em 1968, no bairro do Rio Vermelho, reduto boêmio de Salvador. Localizado em uma garagem, ganhou o nome de MiniBar.

AA batida de limão — feita com cachaça, suco de limão galego, mel de abelha de primeiríssima qualidade e açúcar refinado, segundo o escritor Ubaldo Marques Porto Filho — chamava a atenção dos homens, mas Diolino deu por falta das mulheres da época.

É que elas não queriam ser vistas bebendo em público, e então arranjavam alguém para comprar as batidas e bebiam dentro do automóvel.

Diolino bolou então o sistema de atendimento direto aos veículos, em que os garçons iam até os carTos que apenas encostavam e saíam em disparada. À novidade alavancou a fama do bar. No auge, chegou .a produzir 6.000 litros de batida por mês.

SETO, G. Folha de S.Paulo. Cademno "Cotidiano". 17 maio 2019, p. B2. Adaptado.

50. A palavra **saíam** (ℓ. 29) contém hiato acentuado. Deve também ser acentuado o hiato de

a) juizes

b) rainha

c) coroo

d) veem

e) suada

51. Caso fosse necessário reescrevê-lo empregando alguma vírgula e mantendo o sentido original, o resultado, de acordo com as normas pontuação, seria:

a) Diolino, bolou então o sistema de atendimento direto, aos veículos.

b) Diolino bolou então, o sistema, de atendimento direto aos veículos.

c) Diolino bolou então o sistema, de atendimento direto aos veículos.

d) Diolino bolou, então, o sistema de atendimento direto aos veículos.

e) Diolino bolou, então o sistema de atendimento direto aos veículos.

52. A concordância do verbo destacado está de acordo com a norma-padrão em:

a) A reclamação dos clientes de Diolino **chegaram** aos seus ouvidos.

b) **Surgiu** vários motivos para que as pessoas confraternizassem com Diolino.

c) **Eram** os fregueses de Diolino privilegiados porque usufruíam de uma bebida especial.

d) **Consumia-se** bebidas dentro dos automóveis, sobretudo quando se queria o anonimato.

e) Diolino foi, em 1968, um pioneiro na arte de **produzirem** batidas de coco e de limão.

53. A expressão em destaque na passagem do Texto II "**segundo o escritor** Ubaldo Marques Porto Filho" (ℓ. 21-22) pode ser substituída, sem prejuízo do sentido original, por:

a) diante da opinião do escritor

b) ao passo que diz o escritor

c) em vista do escritor

d) não obstante o informe do escritor

e) consoante o escritor

54. O Texto II diz que o principal motivo do sucesso da vendagem no estabelecimento de Diolino Damasceno foi

a) a receita secreta de sua batida de limão

b) seu jeito peculiar de combinar os ingredientes.

c) a clientela de grandes nomes da cultura e do esporte.

d) fazer uma bebida que podia ser ingerida por diabéticos.

e) o sistema original de atendimento direto aos veículos.

Texto |

Projetos urbanísticos, patrimônios e conflitos

O Porto do Rio — Plano de Recuperação e Revitalização da Região Portuária do Rio de Janeiro foi divulgado pela Prefeitura em 2001 e concentrou diferentes projetos, visando a incentivar o desenvolvimento habitacional, econômico e turístico dos bair Tos portuários da Saúde, Gamboa e Santo Cristo. Em meados de 2007, quando se iniciou esse estudo sobre o Plano e seus efeitos sociais, a Zona Portuária já passava por um rápido processo de ressignificação perante a cidade: nos imaginários construídos pelas diferentes mídias, não era mais associada apenas à prostituição, ao tráfico de drogas e às habitações "favelizadas", despontando narrativas que positivavam alguns de seus espaços, habitantes e "patrimônios culturais".

Dentro do amplo território portuário, os planejadores urbanos que idealizaram o Plano Porto do Rio haviam concentrado investimentos simbólicos e materiais nos arredores da praça Mauá, situada na convergência do bairro da Saúde com a avenida Rio Branco, via do Centro da cidade ocupada por estabelecimentos financeiros e comerciais.

(GUIMARÃES, R. A Utopia da Pequena África. Rio de Janeiro: FGV, 2014, p. 16-7. Adaptado.

55. Considere a seguinte passagem do Texto I: "Dentro do amplo território portuário, os planejadores urbanos que idealizaram o Plano Porto do Rio haviam concentrado investimentos simbólicos e materiais nos arredores da praça Mauá, situada na convergência do bairro da Saúde com a avenida Rio Branco" (ℓ. 16-21) A reescritura que mantém os aspectos informacionais do trecho e respeita as normas de emprego dos sinais de pontuação é a seguinte:

a) Os planejadores urbanos, que idealizaram dentro do amplo território portuário o Plano Porto do Rio haviam concentrado investimentos simbólicos e materiais nos arredores da praça Mauá, situada na convergência do bairro da Saúde com a avenida Rio Branco.

b) Dentro do amplo território portuário, os planejadores urbanos que idealizaram o Plano Porto do Rio, haviam concentrado investimentos simbólicos e materiais nos arredores da praça Mauá, situada na convergência do bairro da Saúde com a avenida Rio Branco.

c) Os planejadores urbanos que idealizaram, dentro do amplo território portuário, o Plano Porto do Rio haviam concentrado, investimentos simbólicos e materiais nos arredores da praça Mauá, situada na convergência do bairro da Saúde com a avenida Rio Branco.

d) Os planejadores urbanos que idealizaram, dentro do amplo território portuário, o Plano Porto do Rio haviam concentrado investimentos simbólicos e materiais nos arredores da praça Mauá, situada na convergência do bairro da Saúde com a avenida Rio Branco.

e) Dentro do amplo, território portuário, os planejadores urbanos que idealizaram o Plano Porto do Rio haviam concentrado investimentos simbólicos e materiais nos arredores da praça Mauá

56. Considere a seguinte passagem do Texto I: "a avenida Rio Branco, **via** do Centro da cidade ocupada por estabelecimentos financeiros e comerciais." (ℓ. 20-22) A palavra que tem mesmo sentido e classe gramatical de **via** no trecho original está destacada em:

a) Esta estrada é a melhor **via** para chegar a São Paulo.

b) Eu te aviso **via** e-mail.

c) Antigamente você **via** muita TV em minha casa

d) A segunda **via** do documento é sua.

e) O jogo será transmitido **via** satélite.

57. No Texto I, no trecho "concentrou diferentes projetos" (ℓ. 3-4), o verbo **concentrar** apresenta a mesma regência do verbo destacado em:

a) O cenário atual **mostra** um cenário bem diferente.

b) Hoje, os bairros portuários do Rio **parecem** um cartão postal.

c) Agora os comerciantes **confiam** nesse bairro.

d) Nas lojas para turistas, **sobressaem** anéis e pulseiras.

e) A Zona Portuária **necessitava** de muitas benfeitorias.

58. Considere a seguinte passagem do Texto I: "não era mais associada apenas à prostituição" (ℓ. 11-12) O valor contextual da palavra **mais**, empregada nesse trecho, está presente na seguinte reescritura:

a) ainda não era associada

b) também não era associada

c) já não era associada

d) não era mesmo associada

e) não era bem associada

59. Segundo o Texto I, a Zona Portuária, até o início do século XXI, era vista como

a) uma área desvalorizada social e urbanisticamente.

b) uma mancha no cenário carioca de belezas naturais.

c) uma região cercada de arranha-céus.

d) um reduto dominado pelo crime organizado.

e) um bairro histórico com poucas áreas habitáveis.

Texto I

Estojo escolar

Noite dessas, ciscando num desses canais a cabo, vi uns caras oferecendo maravilhas eletrônicas, bastava telefonar e eu receberia um notebook capaz de me ajudar a fabricar um navio, uma estação espacial.

Minhas necessidades são mais modestas: tenho um PC mastodôntico, contemporâneo das cavernas da informática. E um laptop da mesma época que começa a me deixar na mão. Como pretendo viajar es- esses dias, habilitei-me a comprar aquilo que os caras anunciavam como o top do top em matéria de computador portátil.

No sábado, recebi um embrulho complicado que necessitava de um manual de instruções para ser aberto. Depois de mil operações sofisticadas para minhas limitações, retirei das entranhas de isopor o novo notebook e coloquei-o em cima da mesa. De repente, como vem acontecendo nos últimos tempos, houve um corte na memória e v diante de mim o meu primeiro estojo escolar. Tinha 5 anos e ia para o jardim de infância.

Era uma caixinha comprida, envenizada, com uma tampa que corria nas bordas do corpo principal. Dentro, arrumados em divisões, havia lápis coloridos, um apontador, uma lapiseira cromada, uma régua de 20 cm e uma borracha para apagar meus erros.

Da caixinha vinha um cheiro gostoso, cheiro que nunca esqueci e que me tonteava de prazer. Fechei o estojo para proteger aquele cheiro, que ele ficasse ali para sempre, prometi-me economizá-lo. Com avareza, só o cheirava em momentos especiais.

Na tampa que protegia estojo e cheiro havia gravado um ramo de rosas muito vermelhas que se destacavam do fundo creme. Amei aquele ramalhete — olhava aquelas rosas e achava que nada podia ser mais bonito.

O notebook que agora abro é negro, não tem rosas na tampa e, em matéria de cheiro, é abominável. Cheira vilmente a telefone celular, a cabine de avião, ao aparelho de ultrassonografia onde outro dia uma moça veio ver como sou por dentro. Acho que piorei de estojo e de vida.

CONY, C. H. Crônicas para ler na escola. São Paulo: Objetiva, 2009. Disponível em: <httos:/hvww!1 folha.uol.com brifspopiniaoiz12039806.htm>. Acesso em: 23 jul.201.

60. A frase em que a concordância nominal do elemento em destaque se dá de acordo com as regras da norma-padrão é:

a) As lembranças e o saudosismo são **dolorosas**.

b) As pessoas não deveriam ficar **sós** no final da vida.

c) Caixas de notebook não têm nada de **encantadora**.

d) É **desnecessário** a tristeza causada por boas lembranças.

e) Temos de ficar em **alertas** para não sofrermos com o saudosismo.

61. O trecho que tem seu sentido inviabilizado pela inversão na ordem de suas orações é

a) Quando as velhas lembranças insistem em voltar, precisamos aceitar a realidade.

b) À medida que envelhecemos, valorizamos mais as lembranças do passado.

c) Para que possamos viver bem o presente, temos de valorizar o passado.

d) Como tudo aconteceu muito rapidamente, não notei sua ausência.

e) Embora seja sempre uma aliada, a tecnologia afasta as pessoas.

62. O termo **mastodôntico**, em "tenho um PC mastodôntico, contemporâneo das cavernas da informática" (ℓ. 6-8), pode ser substituído, sem prejuízo do sentido do trecho, por

a) enorme

b) potente

c) grotesco

d) funcional

e) imponente

63. A partir da frase que finaliza o Texto I – "Acho que piorei de estojo e de vida" (ℓ. 41-42) –, constata-se que o autor

a) comportava-se de modo nostálgico.

b) era fortemente apegado ao objeto.

c) carregava consigo objetos inusitados.

d) tinha muito cuidado com seus pertences.

e) apresentava um perfil marcado pelo egoísmo.

64. Com base na leitura de todo o Texto I, entende-se que ele tem como foco a contraposição entre

a) cheiro de notebook e cheiro de estojo

b) requinte e simplicidade

c) sociedade e indivídu

d) presente e passado

e) trabalho e lazer

65. No Texto I, o sentido denotativo e o sentido conotativo convivem. O trecho do texto em que há somente denotação é:

a) "Noite dessas, ciscando num desses canais a cabo, vi uns caras oferecendo maravilhas eletrônicas" (ℓ. 1-3)

b) "Minhas necessidades são mais modestas" (ℓ. 6)

c) "contemporâneo das cavernas da informática". (ℓ. 7-8)

d) "retirei das entranhas de isopor o novo notebook e coloquei-o em cima da mesa." (ℓ. 16-17)

e) "houve um corte na memória e vi diante de mim o meu primeiro estojo escolar." (ℓ. 19-20)

Obsolescência programada: inimiga ou parceira do consumidor?

Obsolescência programada é exercida quando um produto tem vida útil menor do que a tecnologia permitiria, motivando a compra de um novo modelo — eletrônicos, eletrodomésticos e automóveis são exemplos evidentes dessa prática. Uma câmera com uma resolução melhor pode motivar a compra de um novo celular, ainda que o modelo anterior funcione perfeitamente bem. Essa estratégia da indústria pode ser vista como inimiga do consumidor, uma vez que o incentiva a adquirir mais produtos sem realmente necessitar deles. No entanto, traz benefícios, como o acesso às novidades.

Planejar inovação é extremamente importante para melhoria e aumento da capacidade técnica de um produto num mercado altamente competitivo. Já imaginou se um carro de hoje fosse igual a um carro dos anos 1970? O desafio é buscar um equilíbrio entre a inovação e a durabilidade. Do ponto de vista técnico, quando as empresas planejam um produto, já tem equipes trabalhando na sucessão dele, pois se trata de uma necessidade de sobrevivência no mercado.

Sintomas de obsolescência são facilmente percebidos quando um novo produto oferece características que os anteriores não tinham, como o uso de reconhecimento facial; ou a queda de desempenho do produto com relação ao atual padrão de mercado, como um smartphone que não roda bem os aplicativos atualizados. Outro sinal é detectado quando não é possível repor acessórios, como carregadores compatíveis, ou mesmo novos padrões, como tipo de bateria, conector de carregamento ou tipos de cartão de um celular, por exemplo.

Isso não significa que o consumidor está refém de trocas constantes de equipamento: é possível adiar a substituição de um produto, por meio de upgrades de hardware, como inclusão de mais memória, baterias € acessórios de expansão, pelo menos até o momento em que essa troca não compense financeiramente.

Quanto à legalidade, o que se deve garantir é que os produtos mais modernos mantenham a compatibilidade com os anteriores, a fim de que o antigo usuário não seja forçado constantemente à compra de um produto mais novo se não quiser. É importante diferenciá-la da obsolescência perceptiva, que ocorre quando atualizações cosméticas, como um novo design, fazem o produto parecer sem condições de uso, quando não está.

É preciso lembrar também que a obsolescência programada se dá de forma diferente em cada tipo de equipamento. Um controle eletrônico de portão tem uma única função e pode ser usado por anos e anos sem alterações ou troca. Já um celular tem maior taxa de obsolescência e pode ter de ser substituído em um ano ou dois, dependendo das necessidades do usuário, que pode desejar fotos de maior resolução ou tela mais brilhante.

Essa estratégia traz desafios, como geração do lixo eletrônico. Ao mesmo tempo, a obsolescência deve ser combatida na restrição que possa causar ao usuário, como, por exemplo, uma empresa não mais. disponibilizar determinada função que era disponível pelo simples upgrade do sistema operacional, forçando a compra de um aparelho novo. O saldo geral é quais atualizações trazidas pela obsolescência programada trazem benefícios à sociedade, como itens de segurança mais eficientes em carros e conectabilidade imediata e de alta qualidade entre pessoas. É por conta disso que membros de uma mesma família que moram em países diferentes podem conversar diariamente, com um custo relativamente baixo, por voz ou vídeo. Além disso, funcionários podem trabalhar remotamente, com mais qualidade de vida, com ajuda de dispositivos móveis.

RAMALHO, N. Obsolescência programada: inimiga ou parceira do consumidor? Disponível em. <htips/lwww gazetadopovo.combrlopiniaa/artigos obsolescencia--programada-"inimiga-ou-parceira-do-consumidor-Sz4zmBkm Ipndkokxsb-M-vBog6i>. Acesso em: 23 jul. 2019. Adaptado.

66. De acordo com o Texto I, obsolescência perceptiva (ℓ. 45) é aquela que é caracterizada pelo(a)

a) aumento da vida útil dos produtos eletrônicos

b) ampliação da capacidade técnica dos produtos

c) necessidade de compra de produto recém-lançado

d) renovação do modelo estético dos produtos

e) queda de desempenho do produto antigo

67. Nas seguintes passagens do Texto I, a oração que apresenta estrutura de sujeito indeterminado é:

a) "No entanto, traz benefícios, como o acesso às novidades." (ℓ. 11-12)

b) "se trata de uma necessidade de sobrevivência no mercado." (ℓ. 21-22)

c) "se não quiser." (ℓ. 44)

d) "a obsolescência programada se dá de forma diferente" (ℓ. 49-50)

e) "que pode desejar fotos de maior resolução ou tela mais brilhante." (ℓ. 56-57)

68. No Texto I, em "Isso não significa que o consumidor está refém de trocas constantes de equipamento: é possível adiar a substituição de um produto" (ℓ. 34-36), a oração depois dos dois pontos acrescenta, ao trecho anterior, uma ideia de

a) modo

b) concessão

c) explicação

d) comparação

e) consequência

69. Nos seguintes trechos do Texto I, o adjetivo destacado apresenta valor discursivo de avaliação subjetiva, em relação ao substantivo a que se liga, em:

a) "um produto tem vida **útil**" (ℓ. 2)

b) "exemplos **evidentes** dessa prática." (ℓ. 5)

c) "uso de reconhecimento **facial**" (ℓ. 25-26)

d) "geração do lixo **eletrônico**" (ℓ. 58-59)

e) "moram em países **diferentes**" (ℓ. 70)

70. O fragmento do Texto I que comprova a estratégia argumentativa usada pelo autor para aproximar-se do leitor, buscando persuadi-lo, é:

a) "Uma câmera com uma resolução melhor pode motivar a compra de um novo celular" (ℓ. 5-7)

b) "Já imaginou se um carro de hoje fosse igual a um carro dos anos 1970?" (ℓ.15-17)

c) "Outro sinal é detectado quando não é possível repor acessórios como carregadores compatíveis" (ℓ. 29-31)

d) "É preciso lembrar também que a obsolescência programada se dá de forma diferente em cada tipo de equipamento." (ℓ. 49-51)

e) "É por conta disso que membros de uma mesma família que moram em países diferentes podem conversar diariamente" (ℓ. 68-71)

71. No Texto I, a tese defendida pelo autor pode ser resumida no seguinte trecho:

a) "Obsolescência programada: inimiga ou parceira do consumidor?" (título).

b) "Essa estratégia da indústria pode ser vista como inimiga do consumidor" (ℓ. 8-9).

c) "Planejar inovação é extremamente importante para melhoria e aumento da capacidade técnica de um produto" (ℓ. 13-15).

d) "Isso não significa que o consumidor está refém de trocas constantes de equipamento" (ℓ. 34-35).

e) "O saldo geral é que as atualizações trazidas pela obsolescência programada trazem benefícios à sociedade" (ℓ. 64-66).

72. O Texto I, que aborda a obsolescência programada, busca

a) condenar a produção excessiva de lixo eletrônico

b) denunciar o preço exorbitante das mercadorias modernas.

c) alertar sobre o consumo desenfreado de novas tecnologias.

d) destacar a queda vertiginosa na qualidade dos itens à venda.

e) analisar a suplantação dos produtos disponibilizados ao consumidor.

73. A frase em que a vírgula está empregada adequadamente é:

a) A tela do computador, é a janela que descortina o mundo.

b) O investimento deve ser feito na área que, pode salvar vidas.

c) A vaga é para programador, que tem salário acima da média.

d) Concluíram, que não há mais como parar o avanço tecnológico.

e) É muito importante, que os investimentos na área tecnológica continuem.

74. inimiga do consumidor, uma vez que o incentiva a adquirir mais produtos sem realmente necessitar deles." (ℓ. 8-11), o conector **uma vez que** poderia ser substituído, sem alteração do sentido, por

a) conforme

b) quando

c) como

d) pois

e) se

75. Considere a oração em destaque no seguinte trecho do Texto I: "Obsolescência programada é exercida quando um produto tem vida útil menor do que a tecnologia permitiria, **motivando a compra de um novo modelo**" (ℓ. 1-3). A reescrita que mantém o mesmo valor semântico dessa oração é:

a) à medida que motive a compra de um novo modelo.

b) a menos que motive a compra de um novo modelo.

c) ainda que motive a compra de um novo modelo.

d) para que motive a compra de um novo modelo.

e) embora motive a compra de um novo modelo.

76. A seguinte frase está escrita de acordo com as normas da ortografia vigente:

a) Eu me sinto mais vunerável quando viajo à noite.

b) Preciso que vocês viagem para o Perú imediatamente.

c) Alguns roteiros tem um acúmulo grande de deslocamentos.

d) Fiz um voo gratuito porque ganhei uma passagem num sorteio.

e) Fizemos um multirão para arrumar as malas, mas conseguimos.

O Brasil na memória

A viagem tem uma estruturalidade típica. Há a escolha do destino, uma finalidade antevista, uma partida e um retorno, um trajeto por lugares, um tempo de duração. Há situações iniciais e finais, outras intermediárias, numa dimensão linear, e há atores, um dos quais o viajante, que serve de fio condutor entre pessoas, acontecimentos, locais e deslocamentos. Supõe uma subjetividade que se abre ao desconhecido, a perda de referências familiares, o abandono do mesmo pelo diferente, o encontro com o outro e o reencontro consigo mesmo. Em contrapartida, a narrativa de viagem depende em primeiro lugar da memória e de anotações. Seleciona experiências, precisa estabelecer um projeto de narração, não necessariamente cronológico ou causal, torna-se, mesmo sem intenção, um testemunho. E é orientada por perspectivas do narrador-viajante, que incluem seu estilo de vida, sua mentalidade, assim como sua visão de mundo e sua posição de sujeito, ou seja, o local cultural de onde fala.

BORDINI, Maria da Glória. In: **Descobrindo o Brasil**. Rio de Janeiro: EdUERJ, 2011, p. 353.

77. Considerem-se as duas primeiras frases do Texto II, transcritas abaixo. "A viagem tem uma estruturalidade típica. Há a escolha do destino, uma finalidade antevista, uma partida e um retorno, um trajeto por lugares, um tempo de duração." (l. 1-4) A reescritura de ambas em um único período estaria coerente e teria pontuação correta em:

a) A viagem tem uma estruturalidade típica há a escolha do destino, uma finalidade antevista, uma partida e um retorno, um trajeto por lugares, um tempo de duração.

b) A viagem tem, uma estruturalidade típica, há a escolha do destino, uma finalidade antevista, uma partida e um retorno, um trajeto por lugares, um tempo de duração.

c) A viagem tem uma estruturalidade típica: há a escolha do destino, uma finalidade antevista, uma partida e um retorno, um trajeto por lugares, um tempo de duração.

d) A viagem tem uma estruturalidade típica, pois, há a escolha do destino, uma finalidade antevista, uma partida e um retorno, um trajeto por lugares, um tempo de duração.

e) A viagem tem uma estruturalidade típica: e há a escolha do destino, uma finalidade antevista, uma partida e um retorno, um trajeto por lugares, um tempo de duração.

78. No Texto II, a autora criou a palavra "narrador-viajante" (l. 17) e empregou nela corretamente o hífen. Usando uma estratégia criativa semelhante, será necessário usar esse sinal gráfico em

a) pseudo-viajante

b) super-viajante

c) ex-viajante

d) anti-viajante

e) neo-viajante

79. No Texto II, em "Supõe uma **subjetividade** que se **abre** ao **desconhecido**." (l. 8-9), se as três palavras destacadas fossem substituídas por seus antônimos, o trecho seria:

a) Supõe uma objetividade que se consuma no incógnito.

b) Supõe uma objetividade que se fecha ao reconhecido.

c) Supõe uma realidade que se conclui no ignorado.

d) Supõe uma realidade que se encerra ao sabido.

e) Supõe um propósito que se nega ao recôndito.

80. No trecho do Texto II "é orientada por perspectivas do narrador-viajante" (l. 16-17), a palavra **perspectivas**, nesse contexto, poderia ser substituída, sem prejuízo de sentido, por

a) ambições

b) expectativas

c) aspirações

d) profundidades

e) pontos de vista

Gabaritos

01	E	41	A
02	D	42	B
03	A	43	C
04	E	44	D
05	B	45	C
06	A	46	B
07	D	47	C
08	B	48	D
09	A	49	C
10	C	50	A
11	B	51	D
12	C	52	C
13	D	53	E
14	C	54	E
15	C	55	D
16	D	56	A
17	C	57	A
18	E	58	C
19	A	59	A
20	A	60	B
21	D	61	D
22	C	62	A
23	E	63	A
24	B	64	D
25	C	65	B
26	E	66	D
27	D	67	B
28	B	68	C
29	D	69	B
30	C	70	B
31	D	71	E
32	A	72	E
33	C	73	C
34	D	74	D
35	B	75	D
36	B	76	D
37	A	77	C
38	E	78	C
39	D	79	B
40	B	80	E

LÍNGUA INGLESA

2 LÍNGUA INGLESA

Text for the next 5 questions.

Bank Clerk Job Description

Definition and Nature of the Work

Banks simplify people's lives, but the business of banking is anything but simple. Every transaction — from cashing a check to taking out a loan — requires careful record keeping. Behind the scenes in every bank or savings and loan association there are dozens of bank clerks, each an expert at keeping one area of the bank's business running smoothly.

New account clerks open and close accounts and answer questions for customers. Interest clerks record interest due to savings account customers, as well as the interest owed to the bank on loans and other investments. Exchange clerks, who work on international accounts, translate foreign currency values into dollars and vice versa. Loan clerks sort and record information about loans. Statement clerks are responsible for preparing the monthly balance sheets of checking account customers. Securities clerks record, file, and maintain stocks, bonds, and other investment certificates. They also keep track of dividends and interest on these certificates.

Other clerks operate the business machines on which modern banks rely. Proof operators sort checks and record the amount of each check. Bookkeeping clerks keep records of each customer's account. In addition to these specialists, banks need general clerical help — data entry keyers, file clerks, mail handlers, and messengers — just as any other business does.

Education and Training Requirements

Bank clerks usually need a high school education with an emphasis on basic skills in typing, bookkeeping, and business math. Knowledge of computers and business machines is also helpful. Prospective bank workers may be tested on their clerical skills when they are interviewed. Most banks provide new employees with on-the-job training.

Getting the Job

Sometimes bank recruiters visit high schools to look for future employees. High school placement offices can tell students whether this is the practice at their school. If not, prospective bank workers can apply directly to local banks through their personnel departments. Bank jobs may be listed with state and private employment agencies. Candidates can also check Internet job sites and the classified ads in local newspapers as well.

Advancement Possibilities and Employment Outlook

Banks prefer to promote their employees rather than hire new workers for jobs that require experience. Clerks frequently become tellers or supervisors. Many banks encourage their employees to further their education at night.

According to the U.S. Bureau of Labor Statistics, employment of bank clerks was expected to decline through the year 2014, because many banks are electronically automating their systems and eliminating paperwork as well as many clerical tasks. Workers with knowledge of data processing and computers will have the best opportunities. In addition to jobs created through expansion, openings at the clerical level often occur as workers move up to positions of greater responsibility.

Working Conditions

Although banks usually provide a pleasant working atmosphere, clerks often work alone, at times performing repetitive tasks. Bank clerks generally work between thirty-five and forty hours per week, but they may be expected to take on evening and Saturday shifts depending on bank hours.

Earnings and Benefits

The salaries of bank clerks vary widely depending on the size and location of the bank and the clerk's experience. According to the Bureau of Labor Statistics, median salaries ranged from $23,317 to $27,310 per year in 2004 depending on experience and title. Generally, loan clerks are on the high end of this range, whereas general office clerks are on the lower end.

Banks typically offer their employees excellent benefits. Besides paid vacations and more than the usual number of paid holidays, employees may receive health and life insurance and participate in pension and profit-sharing plans. Some banks provide financial aid so that workers can continue their education.

Available at: http://careers.stateuniversity.com/pages/151/Bank-Clerk.html. Retrieved on: Aug. 22, 2017. Adapted.

01. The main purpose of the text is to:

a) introduce the many categories of bank clerks one can find in a financial institution.

b) present an overview of the career of a bank clerk to an eventual future professional.

c) denounce the disadvantages associated with the clerk profession.

d) discuss all the benefits offered to employees who work in a bank.

e) ask for changes in the way bank recruiters select their future employees.

02. In "Candidates can also check Internet job sites and the classified ads in local newspapers as well" [lines 46-48], the modal verb **can** is replaced, without change in meaning, by:

a) should.

b) must.

c) will.

d) may.

e) need.

03. The fragment "Banks simplify people's lives, but the business of banking is anything but simple" [lines 3-4] means that banking is a[n]:

a) ordinary occupation.

b) elementary job.

c) complex activity.

d) trivial profession.

e) easy business.

04. In the sentence of the text "Generally, loan clerks are on the high end of this range, whereas general office clerks are on the lower end" [lines 78-80], the word **whereas:**

a) expresses a contrast.

b) highlights a problem.

c) imposes a condition.

d) introduces an example.

e) points out a solution.

05. In "In addition to these specialists, banks need general clerical help" [lines 26-28], the phrase **these specialists** refers to:

a) "messengers" (line 29).

b) "mail handlers" (lines 28-29).

c) "proof operators" (line 24) and "bookkeeping clerks" (lines 25-26).

d) "data entry keyers" (line 28).

e) "file clerks" (line 28).

Text for the next 5 questions.

Robots, the next generation of soccer players

1 If you think a robot will steal your job, you are not alone. Soccer players should be worried too. The next Messi probably won't be of flesh and blood but plastic and metal.

2 The concept emerged during the conference "Workshop on grand challenges in artificial intelligence," held in Tokyo in 1992, and independently, in 1993, when Professor Alan Mackworth from the University of Bristol in Canada described an experiment with small soccer players in a scientific article.

3 Over 40 teams already participated in the first RoboCup tournament in 1997, and the competition is held every year. The RoboCup Federation wants to play and win a game against a real-world cup humans' team by 2050.

4 The idea behind artificially intelligent players is to investigate how robots perceive motion and communicate with each other. Physical abilities like walking, running, and kicking the ball while maintaining balance are crucial to improving robots for other tasks like rescue, home, industry, and education.

5 Designing robots for sports requires much more than experts in state-of-the-art technology. Humans and machines do not share the same skills. Engineers need to impose limitations on soccer robots to imitate soccer players as much as possible and ensure following the game's rules.

6 RoboCup Soccer Federation, the "FIFA" of robots, which supports five leagues, imposes restrictions on players' design and rules of the game. Each has its own robot design and game rules to give room for different scientific goals. The number of players, their size, the ball type, and the field dimensions are different for each league.

7 In the humanoid league the players are humanlike robots with human-like senses. However, they are rather slow. Many of the skills needed to fully recreate actual soccer player movements are still in the early stages of research.

8 The game becomes exciting for middle and small size leagues. The models are much simpler; they are just boxes with a cyclopean eye. Their design focuses on team behavior: recognizing an opponent, cooperating with team members, receiving and giving a standard FIFA size ball.

9 Today, soccer robots are entirely autonomous. They wireless "talk" to each other, make decisions regarding strategy in real-time, replace an "injured" player, and shoot goals. The only person in a RoboCup game is the referee. The team coaches are engineers in charge of training the RoboCups' artificial intelligence for fair play: the robots don't smash against each other or pull their shirts.

10 The next RoboCup competition will soon be played, virtually, with rules that will allow teams to participate without establishing physical contact.

Available at: <https://www.ua-magazine.com/2021/05/12/robots-the--next-generation-of-soccer-players>. Retrieved on: July 4th, 2021. Adapted.

06. According to the second paragraph, the concept of robotic soccer players emerged:

a) in 1997.

b) in the 1990s.

c) before the 1990s.

d) in the beginning of the 20th century.

e) in the beginning of the 21st century.

07. In the sentence fragment of the fifth paragraph "**Designing** robots for sports requires much more than **experts** in state-of-the-art technology", the words in bold can be replaced, without any change in meaning, by the following words:

a) drawing / scholars.

b) creating / amateurs.

c) planning / specialists.

d) finishing / professionals.

e) manufacturing / engineers.

08. In the text fragment of the sixth paragraph "RoboCup Soccer Federation, the "FIFA" of robots, which supports five leagues, imposes restrictions on players' design and rules of the game", the word **which** refers to:

a) game.

b) FIFA.

c) players.

d) leagues.

e) RoboCup Soccer Federation.

09. In paragraph 7, the word **However** in the fragment "In the humanoid league, the players are human-like robots with human-like senses. However, they are rather slow" can be replaced, without change in meaning, by:

a) unless.

b) indeed.

c) furthermore.

d) nevertheless.

e) consequently.

10. In paragraph 9, there is the information that in RoboCup competitions the game referee and the team coaches are:

a) humanoids.

b) computers.

c) real people.

d) robotic engineers.

e) virtual mechanisms.

Gabaritos

01	B	06	B
02	D	07	C
03	C	08	E
04	A	09	D
05	C	10	C

MATEMÁTICA FINANCEIRA

3 MATEMÁTICA FINANCEIRA

01. Um imóvel pode ser comprado à vista pelo valor de R$240.000,00 ou pode ser financiado em 24 prestações mensais, a serem pagas de acordo com o sistema Price de amortização. Um potencial comprador, ciente da taxa de juros do financiamento, calculou quanto seria a soma das 24 prestações, encontrando, corretamente, o valor de R$272.331,64. A melhor aproximação para o valor da terceira parcela do financiamento, em reais, é de

a) 10.200,00
b) 10.240,00
c) 10.460,08
d) 11.124,12
e) 11.347,15

02. Um banco possui, atualmente, um modelo de financiamento em regime de juros compostos, em que as parcelas são pagas, mensalmente, a uma taxa de juros de 2% ao mês. Para um certo perfil de clientes, o banco pretende possibilitar o pagamento da dívida a cada três meses, a uma taxa de juros trimestral equivalente à praticada no modelo atual. A melhor aproximação para o valor da taxa de juros trimestral desse novo modelo de financiamento é:

a) 2,48%
b) 6,00%
c) 6,12%
d) 7,28%
e) 8,00%

03. Um empréstimo deve ser pago pelo sistema SAC em 5 parcelas mensais com juros de 3% ao mês. Se a terceira parcela paga no financiamento do empréstimo for igual a R$26.160,00, o valor total do empréstimo, em reais, será de

a) 120.000,00
b) 124.000,00
c) 128.500,00
d) 132.800,00
e) 135.600,00

04. Um cliente de um banco está tentando simular o valor de financiamento imobiliário que pode conseguir para adquirir uma casa. Fazendo seu orçamento, estabeleceu que poderia pagar uma prestação inicial (1º mês) de R$2.669,33. Sabendo-se que o banco utiliza o sistema Price em seus financiamentos, uma taxa de juros de 1% a.m., um prazo de 60 meses e uma amortização inicial (1º mês) de R$1.469,33, qual o valor máximo aproximado, em reais, que ele pode receber?

a) 120.000,00
b) 146.933,00
c) 160.159,80
d) 266.933,00
e) 413.866,00

05. Uma pessoa tem uma dívida no valor de R$2.000,00, vencendo no dia de hoje. Com dificuldade de quitá-la, pediu o adiamento do pagamento para daqui a 3 meses. Considerando-se uma taxa de juros compostos de 2% a.m., qual é o valor equivalente, aproximadamente, que o gerente do banco propôs que ela pagasse, em reais?

a) 2.020,40
b) 2.040,00
c) 2.080,82
d) 2.120,20
e) 2.122,42

06. Um banco oferece a um cliente um empréstimo de financiamento imobiliário pelo sistema SAC, no valor de R$120.000,00, pelo prazo de 12 meses, com taxa de juros de 1% ao mês. Qual é o valor da segunda prestação, em reais, a ser paga pelo cliente?

a) 10.000,00
b) 10.500,00
c) 10.900,00
d) 11.100,00
e) 11.200,00

07. Um cliente pagou, via internet banking, quatro duplicatas vencidas com exatamente 12 dias de atraso, cujos valores de face são de R$4.200,00; R$3.800,00; R$2.600,00 e R$7.400,00. Nesse caso, para pagamentos até 30 dias após o vencimento, são cobrados juros simples à taxa de 6% ao mês, mais uma multa de 2% sobre o valor de face de cada duplicata. Considerando-se o mês comercial (30 dias), o valor total pago, em reais, por essas quatro duplicatas vencidas foi de

a) 18.432,00
b) 18.792,00
c) 18.872,00
d) 18.912,00
e) 18.982,00

08. Na semana da renda fixa promovida por um determinado banco, o cliente X fez um investimento de 150 mil reais em um banco que paga 8% ao ano, com prazo de vencimento de 1 ano. Nesse mesmo dia, o cliente Y aplicou 150 mil reais na poupança, cuja taxa esperada é de 5% ao ano. Um ano depois, os dois sacaram o montante de cada operação. Considere que o cliente X pagou 20% de imposto de renda sobre os juros obtidos com a aplicação, enquanto o cliente Y não pagou imposto algum, e que nenhum dos dois sacou qualquer valor antes desse resgate. A partir dessas informações, verifica-se que a diferença entre o ganho de capital do cliente X e o ganho de capital do cliente Y, comparando-se apenas as operações apresentadas, em reais, foi de

a) 2.100,00
b) 2.400,00
c) 3.500,00
d) 4.100,00
e) 4.500,00

09. Para ampliar o capital de giro de um novo negócio, um microempreendedor tomou um empréstimo no valor de R$20.000,00, em janeiro de 2021, a uma taxa de juros de 5% ao mês, no regime de juros compostos. Exatamente dois meses depois, em março de 2021, pagou 60% do valor do empréstimo, ou seja, dos R$20.000,00, e liquidou tudo o que devia desse empréstimo em abril de 2021. A quantia paga, em abril de 2021, que liquidou a referida dívida, em reais, foi de

a) 11.352,50

b) 11.152,50

c) 10.552,50

d) 10.452,50

e) 10.152,50

10. Um cliente deseja fazer uma aplicação em uma instituição financeira, que paga uma taxa de juros compostos de 10% ao ano, por um período de 3 anos, já que, ao final da aplicação, planeja comprar uma TV no valor de R$ 3.500,00 à vista. Qual o valor aproximado a ser investido para esse objetivo ser alcançado?

a) R$ 2.629,60

b) R$ 2.450,00

c) R$ 2.692,31

d) R$ 2.341,50

e) R$ 2.525,00

11. Um banco fez um empréstimo de R$10.000,00 a um cliente, pelo prazo de um mês, cobrando o valor de R$ 100,00 a título de juros. Qual foi a taxa de juros que o banco cobrou do cliente?

a) 0,01 ao mês

b) 10% ao ano

c) 1% ao ano

d) 0,1 ao mês

e) 0,05 ao mês

12. Um banco ofereceu a um cliente um financiamento de R$ 120.000,00, pelo sistema **SAC**, a uma taxa de juros de 10% a.m., para ser pago em 4 prestações mensais ao final de cada mês, sendo a primeira prestação no valor de R$ 42.000,00. A Tabela abaixo poderá ser usada para seus cálculos.

Período	Saldo Inicial	Juros	Amortização	Prestação	Saldo Final
0					120.000,00
1	120.000,00			42.000,00	
2					
3					
4					

Quais os valores aproximados que serão pagos, pelo cliente, a título de juros e prestação, respectivamente, ao final do terceiro mês?

a) R$ 12.000,00; R$ 42.000,00

b) R$ 3.000,00; R$ 39.000,00

c) R$ 12.000,00; R$ 30.000,00

d) R$ 6.000,00; R$ 36.000,00

e) R$ 9.000,00; R$ 33.000,00

13. No boleto bancário da sua prestação, uma pessoa leu que é cobrada uma multa de 1,2% por dia de atraso sobre o valor da prestação, condicionada a atrasos não maiores que 30 dias. Em certo mês, essa pessoa pagou uma prestação com atraso, tendo de desembolsar R$ 233,20 em vez dos R$ 220,00 normalmente pagos nos meses em que não houve atraso no pagamento. Por quantos dias ela atrasou a prestação nesse mês?

a) 5

b) 10

c) 15

d) 20

e) 25

14. Ao verificar o saldo devido de seu financiamento de R$ 8.000,00, um cliente percebeu que, após pagar a primeira prestação de R$ 1.726,93, ele havia amortizado apenas R$ 1.518,93. Consultando seu gerente, ele soube que nesse financiamento foi usado o sistema **Price.** Qual é a taxa mensal de juros cobrada nesse financiamento?

a) 1,0%

b) 1,3%

c) 1,6%

d) 2,3%

e) 2,6%

15. Para os seis primeiros meses de um investimento, a evolução, em milhares de reais, de um certo investimento de R$ 3.000,00 é expressa pela fórmula $M(x) = -1/4(x - 4)2 + 7$, onde $M(x)$ indica quantos milhares de reais a pessoa poderá retirar após x meses desse investimento. Um cliente pretende deixar esse investimento por seis meses. Nesse caso, de quanto será a sua perda, em reais, em relação ao máximo que ele poderia ter retirado?

a) 1.000

b) 3.000

c) 4.000

d) 5.000

e) 6.000

16. O portfólio de fundos de investimento de um banco é formado por fundos de investimentos conservadores, moderados e arrojados. Segundo o diretor desse banco, os fundos conservadores são adequados para pessoas que preferem investir em fundos com baixo risco, pois têm pouca experiência em investimentos. Os fundos moderados são adequados para pessoas que já têm experiência em investimentos e conhecem melhor o mercado financeiro. Os investidores de fundos arrojados são mais experientes e não se abalam com eventuais variações nos rendimentos de suas aplicações porque entendem a dinâmica do mercado financeiro. Nesse caso, verifica-se que a oferta de fundos de investimento do banco é baseada na segmentação

a) afetiva

b) geográfica

c) demográfica
d) experimental
e) comportamental

17. MX abre o aplicativo de seu banco em seu smartphone e tem a grata surpresa de constatar que a família chegou ao final do mês com algum dinheiro sobrando na conta conjunta que ela tem com seu marido, JV. Como eles não têm dívidas e não estão precisando realizar nenhuma compra, ela pensa em depositar o dinheiro na caderneta de poupança. Sabendo que seu marido estaria em intervalo de almoço, telefona para ele e pede: "vá à agência e solicite a aplicação do saldo de nossa conta na poupança". JV foi à agência bancária e procurou seu gerente, manifestando o desejo de investir na poupança e ele lhe propôs: "Que tal aplicar em CDBs? Renderá mais e é tão seguro quanto a poupança." JV seguiu a sugestão do gerente e aplicou o dinheiro em CDBs. Chegando a casa, ele encontrou sua cunhada e seu sobrinho conversando com MX e lhes contou a respeito da aplicação. A cunhada disse que também aplicava em CDBs. O sobrinho, contudo, discordou da escolha e defendeu aplicações mais arrojadas. Considerando os papéis de compra do consumidor, nesse caso, quem exerceu o papel decisor foi

a) MX
b) JV
c) o gerente
d) o sobrinho
e) a cunhada

18. Ao implantar ações para reduzir os custos (inclusive os não financeiros) nas transações dos clientes, os diretores de um banco têm o objetivo de

a) multiplicar o número de agências por estado.
b) dividir a atenção prestada pelos colaboradores.
c) diminuir os benefícios ofertados ao mercado.
d) ampliar a arrecadação de taxas administrativas.
e) aumentar o valor percebido pelos clientes.

19. Uma pessoa deixou de pagar a fatura do cartão de crédito, de modo que, após dois meses, o valor inicial da fatura se transformou em uma dívida de R$26.450,00. Nunca foram feitas compras parceladas e não foram feitas compras adicionais durante esses dois meses.

Considerando-se que foram cobrados, indevidamente, juros compostos de 15% ao mês e que, por determinação judicial, o valor inicial deva ser reconsiderado para uma nova negociação entre as partes, o valor inicial da dívida era de

a) R$18.515,00
b) R$18.815,00
c) R$20.000,00
d) R$21.000,00
e) R$21.115,00

20. Em uma carta aos clientes, um investimento é oferecido com a promessa de recebimento de um montante de R$8.200,00 líquidos, após 2 anos, para quem aderisse investindo inicialmente R$5.000,00. O valor líquido pago é obtido após descontados R$250,00 de taxas e impostos. Para melhorar a comunicação com os clientes, julgaram interessante acrescentar a taxa de juros compostos usada no cálculo do valor bruto, isto é, sem o desconto.

Qual é o valor da taxa anual que deve ser acrescentada na carta?

a) 2%
b) 3%
c) 20%
d) 25%
e) 30%

21. Uma pessoa faz um financiamento no valor de R$10.000,00 em 10 vezes, a uma taxa de juros de 4,9% ao mês, sendo que o financiamento usa o sistema de amortização constante.

Qual é o valor, em reais, a ser pago na 7ª prestação desse financiamento?

a) 1.490
b) 1.334
c) 1.292
d) 1.196
e) 1.100

22. Qual é a taxa de juros simples utilizada por uma aplicação para tornar um capital inicial de R$1.000,00 em um montante de R$1.240,00, em um período de um ano?

a) 0,02 ao mês
b) 0,02% ao mês
c) 0,02 ao ano
d) 0,02% ao ano
e) 0,24% ao ano

23. Uma pessoa está planejando comprar uma geladeira no valor de R$1.300,00, no futuro. Sabendo-se que ela pretende gastar exatamente esse valor e que dispõe de um capital de R$1.000,00, que será aplicado no dia de hoje a uma taxa de juros simples de 1,5% ao mês, qual será o prazo dessa aplicação, em meses, para que ela consiga comprar a geladeira à vista, o mais rápido possível?

a) 2
b) 16
c) 20
d) 50
e) 200

24. O rendimento de um título sofreu uma variação negativa de 3 pontos percentuais de um mês para o mês seguinte, ou seja, se no primeiro mês o título rendeu x%, no mês seguinte o mesmo título rendeu (x - 3)%.

O montante M(x) de capital arrecadado após esses dois meses em um investimento de R$10.000,00, em função da taxa de rendimento do primeiro mês, será dado por

a) $x^2 + 10000$

b) $x^2 + 3x + 10000$

c) $x^2 - 197x + 10000$

d) $x^2 + 197x + 9700$

e) $x^2 - 97x + 9700$

25. Devido à pandemia, um microempreendedor precisou tomar um empréstimo no valor de R$ 20.000,00, em dez/2020, a ser pago em 24 prestações mensais iguais e postecipadas no sistema PRICE, de modo que a primeira fosse paga em jan/21, e a última, em dez/22. Considere que o Banco cobre R$ 660,00 de taxas, que serão financiadas juntamente com o valor do empréstimo, por escolha do cliente, e que a taxa de juros cobrada, devido ao risco da operação, seja de 3% ao mês. Desconsiderando-se o IOF na operação e supondo-se que a primeira prestação foi paga na data de vencimento, o valor da segunda prestação, em sua respectiva data de vencimento será de, aproximadamente,

Dados: $1{,}03^{24} = 2{,}033$.

a) R$ 1.120,00

b) R$ 1.220,00

c) R$ 1.320,00

d) R$ 1.420,00

e) R$ 1.520,00

26. Um cliente fez um investimento de R$ 100.000,00 em janeiro de 2019, comprando cotas de um fundo imobiliário, o que lhe proporcionou uma taxa de retorno de 21%, ao final de 12 meses de aplicação. Em janeiro de 2020, buscando maior rentabilidade, procurou um especialista financeiro indicado pelo seu gerente, que lhe recomendou aplicar todo o montante da operação anterior em renda variável. O cliente fez conforme recomendado, o que lhe proporcionou um retorno de 96% em 12 meses, resgatando o novo montante em janeiro de 2021. Considerando-se um sistema de juros compostos, a taxa de retorno equivalente, obtida em cada período de 12 meses pelo cliente, de janeiro de 2019 a janeiro de 2021, foi igual a

a) 54%

b) 56%

c) 58%

d) 60%

e) 62%

27. Devido às oscilações de receita em seu negócio durante a pandemia, um cliente vai precisar pagar um boleto, cujo principal (até a data de vencimento) é de R$ 25.000,00, com 12 dias de atraso. Nesse caso, são cobrados adicionalmente, sobre o valor do principal, dois encargos: 2% de multa, mais juros simples de 0,2% ao dia. Por causa dos juros altos, o cliente procurou seu gerente, que não conseguiu uma solução menos custosa. Com isso, nas condições dadas, o cliente deverá pagar nessa operação um valor total de

a) R$ 25.600,00

b) R$ 25.800,00

c) R$ 26.100,00

d) R$ 26.300,00

e) R$ 26.500,00

28. Um cliente montou uma estratégia financeira, aplicando parte de seu décimo terceiro salário, sempre no início de janeiro, de 2018 a 2021, conforme mostrado na Tabela a seguir.

jan/2018	jan/2019	jan/2020	jan/2021
R$ 10.000,00	R$ 10.000,00	R$ 10.000,00	R$ 10.000,00

A partir da orientação financeira de um especialista, ele conseguiu obter nesse período, com essas aplicações, uma taxa de retorno de 10% ao ano, sempre na comparação com o ano anterior. Ele pretende atingir o valor total acumulado de 65 mil reais no início de jan/2023. Considerando-se que essa taxa de retorno se mantenha, o valor mínimo, em reais, que esse cliente precisará depositar em Jan/2022, para atingir a meta em Jan/2023, a partir das aproximações dadas, pertence ao intervalo:

Dados:
$1{,}1^5 = 1{,}611$;
$1{,}1^4 = 1{,}464$;
$1{,}1^3 = 1{,}331$.

a) R$ 8.000,00 a R$ 8.199,00

b) R$ 8.200,00 a R$ 8.399,00

c) R$ 8.400,00 a R$ 8.599,00

d) R$ 8.600,00 a R$ 8.799,00

e) R$ 8.800,00 a R$ 8.999,00

29. Um negociador de investimentos de uma instituição financeira pergunta ao gerente de tal instituição qual a taxa de juros anual máxima que pode oferecer a um cliente investidor, e o gerente afirma que ficará satisfeito com uma taxa anual máxima de 8,36%. O negociador entra em contato com o cliente que pretende investir um capital C1 e diz que, ao final de um ano, ele receberá C2 , que corresponde a C1 acrescido de 5,00% de juros, mas não tem sucesso nessa negociação inicial. O negociador resolve aplicar uma nova taxa sobre C2 , mas sem ultrapassar a taxa anual máxima que está autorizado a oferecer. Qual o valor máximo da taxa a ser aplicada sobre C2 ?

a) 2,16%
b) 2,24%
c) 3,20%
d) 7,96%
e) 16,72%

30. Durante um atendimento, o cliente de um banco relata ao gerente de atendimento sua disponibilidade para investir R$400.000,00. O gerente tem ao seu dispor 5 opções de investimento: renda fixa, CDB, fundo de ações, LCI e LCA. Ao cliente foi oferecida uma carteira diversificada de 20%, 10%, 30%, 15% e 25%, respectivamente. Sendo assim, verifica-se que o valor sugerido para

a) renda fixa foi de R$80.000,00
b) CDB foi de R$60.000,00
c) fundo de ações foi de R$40.000,00
d) LCI foi de R$100.000,00
e) LCA foi de R$120.000,00

31. Uma empresa fez um investimento inicial, em jan/2016, no valor de 10 bilhões de reais, a uma determinada taxa anual fixa, no sistema de juros compostos. Exatamente após um ano (jan/2017), retirou 4 bilhões de reais, e um ano depois disso, em jan/2018, resgatou 8 bilhões, zerando sua posição no investimento. Se nenhum aporte adicional foi realizado nesse período, além do investimento inicial, o valor mais próximo da taxa anual de retorno desse investimento é

Dado: $\sqrt{21} = 4{,}58$

a) 9,2%
b) 10,4%
c) 10,8%
d) 11,2%
e) 11,6%

32. Uma empresa deseja comprar um equipamento, cujo preço à vista foi cotado em 15 milhões de reais. Para isso, pretende pagar uma entrada (ato da compra) e financiar o valor restante em 12 parcelas mensais e iguais, a uma taxa de juro (composto) de 1% ao mês, com a primeira parcela sendo paga um mês após a compra. O departamento financeiro determinou que o valor da parcela seja de, no máximo, 1 milhão de reais.Nessas condições, o valor mínimo, em milhões de reais, que a empresa precisará pagar de entrada nessa compra pertence ao intervalo;

Dado: $1{,}01^{12} = 1{,}127$

a) 3,00 a 3,19
b) 3,20 a 3,39
c) 3,40 a 3,59
d) 3,60 a 3,79
e) 3,80 a 4,00

33. Uma empresa fez um investimento de 50 milhões de reais a uma taxa pré-fixada de 15% ao ano, no regime de juros compostos, em Jan/2018. Após um ano, em Jan/2019, a empresa resgatou 20 milhões de reais, deixando o restante aplicado. Depois disso, fez dois saques anuais de mesmo valor entre si, um em Jan/2019, e outro em Jan/2020, zerando, após isso, a posição no investimento. Qual é o valor mais próximo, em milhões de reais, da quantia sacada dessa aplicação pela empresa em Jan/2019?

a) 17,5
b) 18,7
c) 19,4
d) 22,2
e) 23,1

34. Um equipamento, cujo valor à vista é de 5 milhões de reais, foi financiado nas seguintes condições:

• Entrada de 20% do valor do equipamento;

• 24 parcelas mensais, iguais e sucessivas, de 200 mil reais, financiadas a uma taxa de 3% ao mês, no sistema Price, com a primeira prestação a ser paga um mês após a data da compra;

• Parcela residual correspondente ao saldo devedor residual, paga exatamente um mês após o pagamento da 24ª parcela.

Assim, considerando-se 2,09 como aproximação para $1{,}03^{25}$ e 16,96 como aproximação para $(1-1{,}03^{-24})/0{,}03$, o valor da parcela residual que deverá ser paga, em milhões de reais, é maior que

a) 1,15 e menor que 1,25
b) 1,25 e menor que 1,30
c) 1,30 e menor que 1,35
d) 1,35 e menor que 1,40
e) 1,40 e menor que 1,45

35. Uma pequena empresa planeja comprar um caminhão novo, à vista, cujo preço de mercado equivale a R$ 250.000,00, mas ela não dispõe, no momento, de qualquer valor em caixa para realizar a transação. Caso a empresa consiga obter um retorno nominal de 5% a.a., com base no valor presente, qual o montante que ela deveria aplicar hoje para viabilizar a compra do caminhão, à vista, daqui a 4 anos, supondo que o preço do bem permaneça inalterado nesse período?

a) R$ 238.095,24
b) R$ 205.676,68
c) R$ 200.500,00
d) R$ 39.406,25
e) R$ 44.323,32

36. Uma empresa A aplica um capital de 200 mil reais, em janeiro de 2018, em um investimento que proporciona uma taxa de juro composto de 8% ao ano. A empresa B aplica 150 mil reais, também em janeiro de 2018, a uma taxa de 12% ao ano.

Considere as aproximações fornecidas no Quadro abaixo:

n	log n
3	0,477
4	0,602
7	0,845

Assim, o valor que mais se aproxima do tempo mínimo necessário, em anos, para que o montante do investimento da empresa B ultrapasse o da empresa A, é igual a

a) 7

b) 8

c) 9

d) 10

e) 11

37. Um equipamento foi financiado em 48 parcelas mensais, iguais e sucessivas, de 100 mil reais, a uma taxa de 2% ao mês, no sistema Price, com a primeira prestação a ser paga sete meses após a data da compra e sem nenhum valor desembolsado antes desse primeiro pagamento. Sabe-se que o vendedor não abriu mão de cobrar juros compostos de 2% a.m. no período de carência. Assim, considerando-se 2,60 como aproximação para $1{,}02^{48}$ e 1,13 como aproximação para $1{,}02^{6}$, a quantia mais próxima do preço à vista desse equipamento, em milhões de reais, é igual a

a) 3,1

b) 3,0

c) 2,9

d) 2,8

e) 2,7

38. Considere que uma empresa vai realizar uma aplicação de 10 milhões de reais, com prazo de resgate para 1 ano, a partir de hoje, e precisa decidir entre as cinco opções apresentadas a seguir. Opção

I. taxa de 24% ao ano, com capitalização mensal

II. taxa efetiva de 24% ao ano

III. taxa de 24% ao ano, com capitalização quadrimestral

IV. taxa de 2,2% ao mês, no regime de juros simples

V. taxa de 24% ao ano, com capitalização semestral

Considerando-se 1,27 como aproximação para 1,0212, a opção que apresenta a maior taxa anual de retorno, dentre as cinco apresentadas, é a

a) I

b) II

c) III

d) IV

e) V

39. Suponha uma operação simples de desconto realizada em um banco, 4 meses antes do vencimento de um título, com valor nominal de resgate e taxa de juros definidos. Essa operação é livre de despesas bancárias ou quaisquer outros encargos, além dos já definidos. Nessa operação, utilizando-se os métodos de descontos "por dentro" (racional) ou "por fora" (comercial ou bancário) verifica-se que o valor

a) líquido liberado para o tomador será maior se o método de desconto praticado for o desconto "por fora".

b) líquido liberado para o tomador será o mesmo para ambos os métodos.

c) de resgate será menor para o desconto "por dentro".

d) de resgate será o mesmo, seja qual for o método de desconto utilizado.

e) de resgate será maior para o desconto "por fora".

40. Um dos pressupostos da avaliação de um projeto de investimentos calculado pelo modelo TIR (Taxa Interna de Retorno) aponta que as entradas líquidas de caixa intermediárias, calculadas no exercício desse modelo, são reinvestidas à taxa

a) interna de retorno (TIR) verificada no modelo

b) SELIC (Sistema Especial de Liquidação e de Custódia)

c) de atratividade definida pela empresa, se maior do que a taxa de mercado

d) de juros de mercado

e) de ganhos crescentes de escala

41. Uma empresa deseja antecipar hoje as duas últimas prestações semestrais de um financiamento, no valor de R$ 121.000,00 cada uma, contraído por meio de um sistema francês de amortização, a uma taxa de juro efetiva de 21% ao ano. Considere que as prestações vencem exatamente daqui a seis e doze meses, respectivamente. Assim, considerando o desconto racional composto, o valor de quitação das duas prestações a ser realizado hoje, em reais, nas condições apresentadas, é igual a

a) 182.000,00

b) 200.000,00

c) 210.000,00

d) 221.000,00

e) 242.000,00

42. Um investidor aplica R$ 400.000,00, em setembro de 2018, a uma taxa de juro de 10% ao ano, no regime de juro composto. Após um ano da primeira aplicação, faz uma nova aplicação, no valor de R$ 200.000,00, a uma taxa de juro de 12% ao ano, no mesmo regime de juros, mantendo a 1ª aplicação. Completados exatos dois anos da primeira aplicação, em setembro/2020, resgata o total aplicado nas duas operações. O valor mais próximo, em reais, da rentabilidade bruta da operação, isto é, desconsiderando impostos e taxas, é igual a

a) 64.000,00

b) 84.000,00

c) 92.000,00

d) 108.000,00

e) 148.000,00

43. Uma empresa toma um empréstimo de R$ 350.000,00 por 25 dias, a uma taxa de juro simples de 4,8% ao mês, em um mês com 30 dias. Considere que, ao final desse período, a empresa quita a dívida pagando, além dos juros, uma taxa de utilização de crédito igual a 0,5% do valor tomado emprestado.

Assim, o valor mais próximo do custo total do empréstimo no momento da quitação, em reais, é igual a

a) 13.500,00

b) 14.250,00

c) 15.750,00

d) 16.800,00

e) 18.550,00

44. Um imóvel no valor de R$ 6.000.000,00 de reais foi adquirido em dezembro de 2018 por meio de um financiamento baseado em um sistema de amortização constante (SAC), em 120 parcelas mensais e decrescentes. A taxa de juro cobrada foi de 1,0% ao mês, com a primeira prestação para janeiro de 2019 e a última para dezembro de 2028. Considere que o comprador deu uma entrada no ato da compra, financiando apenas 80% do valor do imóvel.

Assim, o valor da prestação previsto para fevereiro de 2019, em reais, é igual a

a) 88.000,00

b) 87.600,00

c) 78.600,00

d) 68.000,00

e) 48.600,00

45. Suponha que o governo anuncie que a taxa Selic vai subir 0,5 ponto percentual, passando de 5,0% para 5,5%, ambas ao ano. Considerando-se apenas essa variação indicada, tem-se que a taxa equivalente em um período de três anos, no regime de juros compostos, sofreria um aumento, em pontos percentuais, igual a

Dados

$1{,}05^3 = 1{,}158$;

$1{,}055^3 = 1{,}174$

a) 0,5

b) 1,0

c) 1,2

d) 1,6

e) 1,7

46. Uma empresa faz uma aplicação no valor de R$ 1.000.000,00, em um fundo que remunera a uma taxa de 1% ao mês, no regime de juros compostos. Após dois anos, a empresa resgatou o dinheiro, pagando exatamente duas taxas, ambas aplicadas sobre os juros da operação, sendo elas: 15% de imposto de renda e 10% de taxa de performance. Considere para os cálculos que $1{,}01^{24} = 1{,}27$.

O valor mais próximo da rentabilidade líquida (já descontadas as taxas) da operação, em reais, é igual a

a) 60.000,00

b) 67.500,00

c) 202.500,00

d) 245.000,00

e) 270.000,00

47. Um comprador tem duas opções de pagamento: pagar à vista, com desconto de 20% sobre o preço de tabela ou a prazo, um mês após a data da compra, com um acréscimo de 10% sobre o preço de tabela.

O valor mais próximo da taxa de juro mensal cobrada nessa operação, comparando-se o valor a ser pago, por um mesmo produto, em cada uma das opções apresentadas, é igual a

a) 10%

b) 22%

c) 30%

d) 33%

e) 38%

48. Pelo sistema de amortização constante, a primeira prestação mensal (parcela), sem carência, de um financiamento de R$ 10.000,00 a uma taxa de juros de 10% a.m, pelo prazo de 5 meses, será de, aproximadamente,

a) R$ 3.000,00

b) R$ 2.638,00

c) R$ 2.000,00

d) R$ 1.638,00

e) R$ 1.000,00

49. Entre os sistemas de amortização de financiamentos disponíveis, há um em que, na sistemática de pagamentos, as prestações (parcelas) são decrescentes, e o valor financeiro dos juros cobrados na parcela é menor em relação ao cobrado na parcela anterior.

Tais características são do seguinte sistema de amortização:

a) americano

b) constante

c) descontado

d) francês

e) tabela price

50. Uma empresa está fazendo uma análise econômico-financeira de seus projetos, e, com base em suas viabilidades, precisa aceitar somente um projeto. O Quadro abaixo traz as informações das entradas e saídas de caixa líquidas de cada projeto ano a ano.

Projeto	Inicial (Ano 0)	Ano 1	Ano 2	Ano 3	Ano 4
P	–R$ 10.000,00	R$ 5.000,00	R$ 5.000,00	R$ 0,00	R$ 0,00
Q	–R$ 12.000,00	R$ 4.000,00	R$ 8.000,00	–R$ 2.000,00	R$ 2.000,00
R	–R$ 14.000,00	–R$ 7.000,00	R$ 11.000,00	R$ 10.000,00	R$ 5.000,00
S	–R$ 16.000,00	R$ 4.000,00	R$ 4.000,00	R$ 4.000,00	R$ 4.000,00
T	–R$ 18.000,00	R$ 9.000,00	R$ 9.000,00	–R$ 1.000,00	R$ 5.000,00

De acordo com os dados acima e considerando uma taxa de 10% ao ano, o projeto que deve ser aceito é o projeto

a) P

b) Q

c) R

d) S

e) T

51. Uma empresa fez um contrato no valor de 500 mil reais com um fornecedor que lhe ofereceu duas formas de pagamento: Opção I – Pagar à vista com 10% de desconto, na data da assinatura do contrato.

Opção II – Pagar a prazo, em duas parcelas mensais, iguais e sucessivas de 250 mil reais cada, com vencimentos para 1 e 2 meses, respectivamente, contados a partir da assinatura do contrato.

A taxa mensal de juro composto implícita na opção II, quando comparada ao valor à vista da opção I, é de, aproximadamente,

Dado $\sqrt{205} \cong 14{,}32$

a) 5,0%

b) 5,8%

c) 6,5%

d) 7,3%

e) 7,8%

52. Um cliente fez um empréstimo de 200 mil reais, a taxa de 5% ao mês, no sistema de juros compostos, em jan/2018. Após exatos dois meses da data do primeiro empréstimo, em mar/2018, ele pegou mais 100 mil reais, mantendo a taxa e o sistema de juros. Em abr/2018, exatamente um mês após o último empréstimo, liquidou as duas dívidas, zerando o seu saldo devedor.

O valor pago pelo cliente, em milhares de reais, foi de, aproximadamente,

a) 300,0

b) 325,6

c) 336,5

d) 345,0

e) 347,3

53. Um investidor aplicou uma determinada quantia em um investimento que proporcionou uma rentabilidade de 100% após exatos dois anos de aplicação, no sistema de juros compostos. Considerando-se que nenhum resgate foi realizado nesse período, o valor mais próximo da taxa anual equivalente proporcionada por esse investimento, nesse sistema de juro, é igual a

a) 40%

b) 41%

c) 43%

d) 45%

e) 50%

54. Admita que um fundo de pensão norte-americano, em determinado momento t0 , pretenda investir o equivalente a US$100 milhões em títulos públicos brasileiros, expressos em reais e aplicados por um ano à taxa fixa de 6,5% a.a. Admita, adicionalmente, que a taxa de câmbio no mercado à vista no momento t_0 seja cotada a R$ 3,25/US$, e a taxa de câmbio no mercado a termo para 360 dias seja cotada a R$ 3,20/US$.

Considerando-se que os títulos sejam resgatados na data de vencimento (após um ano) e que a taxa de câmbio no mercado à vista coincida, na data de resgate, com a negociada no mercado a termo, a rentabilidade do investidor, em dólares (cupom cambial) será, aproximadamente, de

a) 8,5% a.a.

b) 8,2% a.a.

c) 1,7% a.a.

d) 4,9% a.a.

e) 6,5% a.a.

55. Um valor inicial C0 foi capitalizado por meio da incidência de juros compostos mensais constantes iguais a 6,09%. Ao final de 6 meses, isto é, após 6 incidências dos juros, gerou-se o montante M.

A partir do valor inicial C0 , seria alcançado o mesmo montante M ao final de 12 meses (12 incidências), se os juros compostos mensais constantes tivessem sido iguais a

a) 1,045%

b) 1,450%

c) 3,045%

d) 3,450%

e) 3,000%

56. Considere as informações dos projetos apresentadas no Quadro a seguir.

Projeto	Ano 0 (inicial)	Ano 1	Ano 2	Ano 3
X	−10.000,00	5.000,00	3.000,00	3.000,00
Y	−5.000,00	3.000,00	2.000,00	1.000,00
Z	−2.500,00	500,00	1.000,00	1.500,00
W	−1.500,00	500,00	500,00	500,00
K	−1.000,00	400,00	400,00	300,00

Tendo em vista uma taxa de desconto de 10% ao ano, após apurar os respectivos Valores Presentes Líquidos (VPL) de cada projeto, o que apresenta o melhor investimento é o

a) X

b) Y

c) Z

d) W

e) K

57. Considere os dados dos projetos apresentados no Quadro a seguir:

	Fluxos de caixa ($)			
Projeto	Inicial	Ano 1	Ano 2	Ano 3
X	−8.000,00	0,00	4.000,00	4.000,00
Y	−6.000,00	1.500,00	4.000,00	1.000,00
Z	−4.000,00	4.000,00	1.500,00	1.000,00
K	−2.000,00	667,00	667,00	666,00
W	−1.000,00	500,00	500,00	0,00

Uma empresa de investimentos está avaliando os projetos acima listados, considerando um custo de capital de 20% ao ano, segundo o critério do payback descontado, com um período limite de 2 anos.

Como a empresa pode aceitar apenas um projeto, o que apresenta os melhores resultados segundo o payback descontado, o projeto que deverá ser aceito é o

a) X

b) Y

c) Z

d) K

e) W

58. Uma empresa está refletindo sobre a aceitação ou rejeição de projetos, e sua decisão está embasada apenas na Taxa Interna de Retorno dos projetos. No Quadro abaixo seguem as informações:

Projeto	Inicial	Ano 1	Ano 2	Ano 3	TIR
Ci	−R$ 100.000,00	R$ 50.000,00	R$ 25.000,00	R$ 28.000,00	1,674%
Di	−R$ 80.000,00	R$ 40.000,00	R$ 30.000,00	R$ 12.000,00	1,503%
Fi	−R$ 60.000,00	R$ 50.000,00	R$ 5.000,00	R$ 6.000,00	1,304%
Gi	−R$ 40.000,00	R$ 31.000,00	R$ 5.000,00	R$ 5.000,00	1,830%
Li	−R$ 20.000,00	R$ 7.000,00	R$ 7.000,00	R$ 6.500,00	1,260%

Sabendo-se que o custo de capital é 1,5% ao ano e que os projetos são mutuamente excludentes, qual deve ser escolhido pela empresa por ser o melhor, com base nos conceitos da Taxa Interna de Retorno?

a) Ci

b) Di

c) Fi

d) Gi

e) Li

59. Um título, cujo valor de resgate é de R$ 260.000,00, está sendo negociado exatamente dois meses antes do seu vencimento por R$ 244.361,00.

Nessas condições, o valor mais próximo da taxa de desconto bancário cobrada nessa operação é igual a

a) 2,0%

b) 2,4%

c) 3,0%

d) 3,8%

e) 4,5%

60. Uma empresa captou R$ 100.000 reais a uma taxa de juros compostos de 1% ao mês.

Ao cabo de seis meses no futuro, essa dívida terá um valor em reais, no presente, de

a) R$ 103.030

b) R$ 104.060

c) R$ 105.101

d) R$ 106.000

e) R$ 106.152

61. Uma dívida no valor de 20 milhões de reais foi dividida, em janeiro de 2018, em duas parcelas anuais postecipadas, sendo a primeira no valor de 12 milhões de reais, com vencimento para janeiro de 2019, e a segunda de 14,4 milhões de reais, com vencimento para janeiro de 2020.

Nessas condições, a taxa de juro anual cobrada no financiamento dessa dívida, no regime de juros compostos, foi de

a) 2%

b) 10%

c) 12%

d) 20%

e) 22%

62. Um projeto de investimento apresenta um fluxo de caixa. Para esse projeto, foi calculada uma taxa interna de retorno (TIR).

No sentido de aferir o cálculo da TIR, é possível utilizarem-se alguns mecanismos de validação, dentre estes o fluxo de caixa

a) descontado com a taxa nominal, em que o cálculo da TIR estará correto se o saldo de caixa encontrado no final for zero.

b) descontado com a TIR, em que o cálculo da TIR estará correto se o valor presente líquido (VPL) encontrado no final for zero.

c) descontado com a TIR, em que o cálculo da TIR estará correto se o valor presente líquido (VPL) for igual a taxa de risco.

d) direto sem desconto, em que o cálculo da TIR estará correto se a soma das entradas e saídas forem iguais a zero.

e) indireto sem desconto, em que o cálculo da TIR estará correto se a soma das entradas e saídas forem iguais ao fator de desconto.

63. Uma empresa avalia antecipar o pagamento das duas últimas parcelas de um financiamento, realizado a uma taxa de juro de 5% ao mês, para abril de 2018. As parcelas, no valor de R$ 8.820,00 cada uma, têm data de vencimento para maio de 2018 e junho de 2018.

Considerando-se o desconto racional composto, o valor de quitação total das duas parcelas, se o pagamento das duas for realizado em abril de 2018, é igual a

a) R$ 15.876,00

b) R$ 16.000,00

c) R$ 16.400,00

d) R$ 16.800,00

e) R$ 17.640,00

64. Uma determinada empresa vem adotando uma política de reajustes de preços, de modo que o preço de seu principal produto sofreu um reajuste de 10% em Set/2017. Em outubro do mesmo ano, o produto sofreu novo reajuste, agora de 5% sobre o valor do mês anterior e, um mês depois, um terceiro reajuste de 6% foi aplicado sobre o preço de outubro, de modo que os três reajustes foram sucessivos.

O valor mais próximo da variação percentual acumulada nesse período, considerando exatamente os três reajustes apresentados, é

a) 21,0%

b) 21,5%

c) 22,4%

d) 22,8%

e) 23,2%

65. Um contrato de prestação de serviços prevê, em caso de atraso do pagamento do serviço realizado, a cobrança de juros de 1% ao mês, sobre o saldo devedor, ou seja, no regime de juros compostos. Além disso, há uma multa adicional de 2% sobre o valor do serviço previsto no contrato. Considere que o comprador pagou com atraso de 6 meses um contrato nesses moldes, cujo valor era de 100 milhões de reais, e que nenhum pagamento intermediário fora efetuado nesse período.

Assim, o valor mais próximo do total pago nessa operação, incluindo multa e juros, foi de

Dado $1{,}01^6 = 1{,}06152$

a) R$ 106.152.000,00

b) R$ 106.200.000,00

c) R$ 108.000.000,00

d) R$ 108.152.000,00

e) R$ 108.275.000,00

66. Uma empresa avalia uma proposta de investimento, que promete pagar 20% ao ano, no regime de juros compostos. Ela pretende fazer um único investimento em Jan/2019, para realizar exatamente dois resgates no futuro, sendo o primeiro, em Jan/2020, no valor de 120 milhões de reais, e o segundo, de 720 milhões de reais, em Jan/2021. Assim, o valor mínimo a ser investido pela empresa, em milhões de reais, que garante os dois resgastes, é igual a

a) 528

b) 583

c) 600

d) 672

e) 700

67. Uma mercadoria no valor A será comprada em duas parcelas iguais a p, calculadas a partir de uma taxa de juros mensal fixa i, no regime de juros compostos, sendo a primeira parcela paga 1 mês após a compra, e a segunda, 2 meses após a compra.

A expressão da taxa i de correção do dinheiro, usada pela loja para calcular as parcelas, é dada por

a) $$i = \frac{p}{A}$$

b) $$i = \frac{p + \sqrt{p^2 - 4Ap}}{2A}$$

c) $$i = \frac{p + \sqrt{p^2 + 4Ap}}{2A}$$

d) $$i = \frac{p + A + \sqrt{p^2 + 4Ap}}{2A}$$

e) $$i = \frac{p - 2A + \sqrt{p^2 + 4Ap}}{2A}$$

68. Uma empresa decidiu compor um fundo de reserva para novos projetos, com previsão de utilização para daqui a 3 anos. Para isso, planeja realizar 36 depósitos mensais e sucessivos de 500 mil reais, em um investimento com retorno de 1% ao mês a juros compostos. O primeiro depósito foi em jan/2018, e o último depósito será em dez/2020, sempre no mesmo dia do mês, com o objetivo de ter, pelo menos, 20 milhões de reais ao final desse período. Considere que, no resgate, serão cobrados impostos no valor de 20% sobre a diferença entre o total investido e o montante.

O valor líquido total desse investimento, após pagos os impostos, em milhões de reais, que pode ser resgatado em dezembro de 2020, imediatamente após o último depósito, é, aproximadamente, igual a

Dado $1{,}01^{36} = 1{,}43$

a) 18,8

b) 19,6

c) 20,8

d) 21,2

e) 21,8

69. Um analista precisa avaliar econômica e financeiramente um projeto de investimento e, para tanto, projeta prováveis fluxos de caixa livres para a empresa que seriam decorrentes desse investimento inicial. Ele optou por projetar fluxos de caixa nominais, considerando uma taxa de inflação anual positiva, prevista para a duração da vida útil do projeto.

A taxa mínima de atratividade nominal da empresa projetada é de 18% a.a.. Sendo assim, ele corretamente descontou seus fluxos de caixa projetados a uma taxa

a) de 18% a.a.

b) negativa

c) positiva, menor do que 18% a.a.

d) maior do que 18% a.a.

e) igual à taxa interna de retorno do projeto

70. Uma empresa pretende realizar investimentos em um novo mercado. Para isso, estudou a região e elaborou a seguinte Tabela, apontando o retorno, em milhares de reais, que obteria de acordo com o vulto do investimento (pequeno, médio ou grande) e com as condições do mercado (boas, normais ou ruins):

Vulto do Investimento	Condições do Mercado		
	Boas	Normais	Ruins
Grande	R$ 5.000	R$ 2.000	- R$ 4.000
Médio	R$ 4.500	R$ 1.000	- R$ 1.000
Pequeno	R$ 1.000	R$ 500	0

A empresa descobriu, ainda, que existem 50% de probabilidade de o mercado estar em boas condições, 30%, em condições normais e 20%, ruins.

Com base em tais condições, o Máximo Valor Esperado (MVE) para a empresa será, em milhares de reais, de

a) 3.000 para um grande investimento

b) 2.300 para um grande investimento

c) 2.350 para um médio investimento

d) 4.500 para um médio investimento

e) 650 para um pequeno investimento

71. Uma empresa dispõe de R$ 50 mil para investir em um novo projeto. As Figuras apresentam os fluxos de caixa de dois projetos. As setas para cima significam receitas a serem recebidas até o final do período indicado, e a seta para baixo representa o investimento inicial.

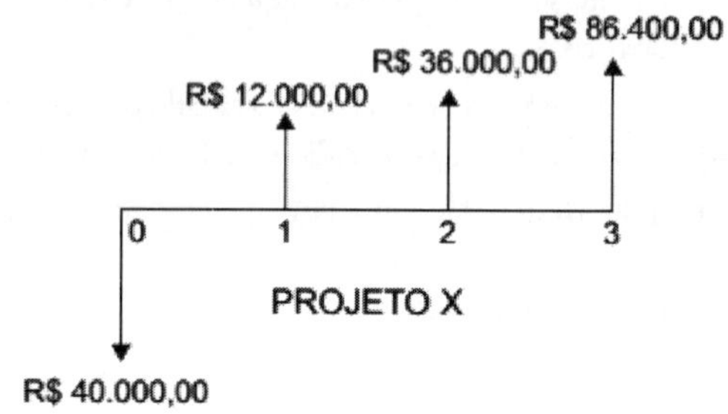

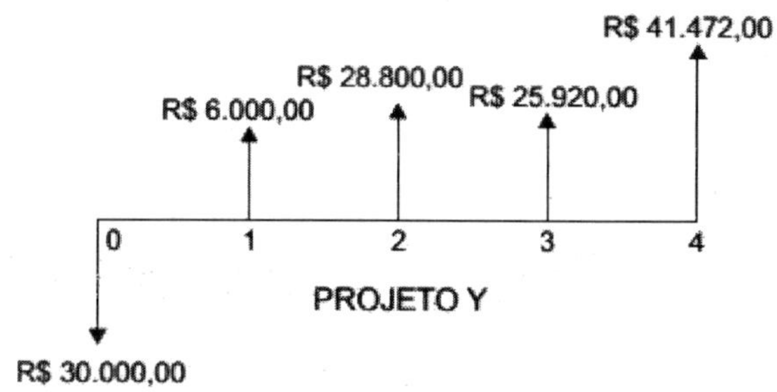

Tendo em vista o critério do Valor Presente Líquido (VPL) e uma taxa de juros de 20%, verifica-se que

a) nenhum projeto é viável.

b) deve-se investir no projeto Y.

c) deve-se investir no projeto X.

d) o Projeto X gera um retorno de R$ 94.400,00.

e) o Projeto Y gera um retorno de R$ 22.192,00.

72. A Tabela a seguir apresenta as receitas e despesas anuais com a abertura de um novo depósito. O investimento inicial é estimado em R$ 5 milhões.

Ano	Despesas (R$ mil)	Receitas (R$ mil)
01	1400	2300
02	1600	3200
03	1600	4000
04	1800	4000
05	2000	4000

Em relação à viabilidade do projeto sob o critério do pay-back simples, verifica-se que ele

a) se paga até o final do período 2.

b) se paga até o final do período 3.

c) se paga até o final do período 4.

d) gera um retorno de R$ 9,1 milhões.

e) causa um prejuízo de R$ 8,4 milhões.

73. Dois projetos típicos de investimento, denominados F e G, apresentam fluxos de caixa livre para a empresa com sinal negativo apenas no instante zero, sendo o fluxo de caixa anual de G igual a 1,3 vezes o fluxo de caixa anual de F. Um analista resolveu calcular o fluxo de caixa incremental de G em relação a F e encontrou um novo fluxo de caixa para análise. O Valor Presente Líquido (VPL) desse fluxo, considerando-se uma Taxa Mínima de Atratividade (TMA) igual a zero, é positivo.

A TIR encontrada desse fluxo de caixa incremental é

a) inexistente

b) negativa

c) positiva

d) nula

e) apenas confirmatória de que o projeto de maior TIR cria mais valor

74. Ao calcular o payback simples ou nominal de um projeto de investimento, um analista tem um

a) resultado que leva em conta o valor do dinheiro no tempo.

b) resultado maior que o encontrado pelo payback descontado.

c) resultado que considera todos os fluxos de caixa do projeto.

d) dado coerente com a matemática financeira.

e) dado superestimado em termos de velocidade de retorno.

75. Qual é o valor presente, aproximado, de uma sequência de 5 pagamentos mensais iguais a R$ 1.000,00, sendo o primeiro com vencimento na data de hoje, e os outros, nos quatro meses subsequentes, considerando-se uma taxa de juros de 1% a.m.?

a) R$ 4,850,00

b) R$ 4.853,43

c) R$ 4.900,00

d) R$ 4.901,97

e) R$ 5.000,00

76. Uma construtora anuncia a venda de um imóvel à taxa nominal de juros de 12% a.a. com correção mensal do saldo e das prestações.

Qual é a taxa real anual, aproximada, do financiamento, considerando-se uma inflação anual de 10%?

a) 2,44%

b) 2,00%

c) 1,98%

d) 1,82%

e) -2,38%

77. Uma firma de eletrodomésticos tem o seguinte cartaz em sua loja:

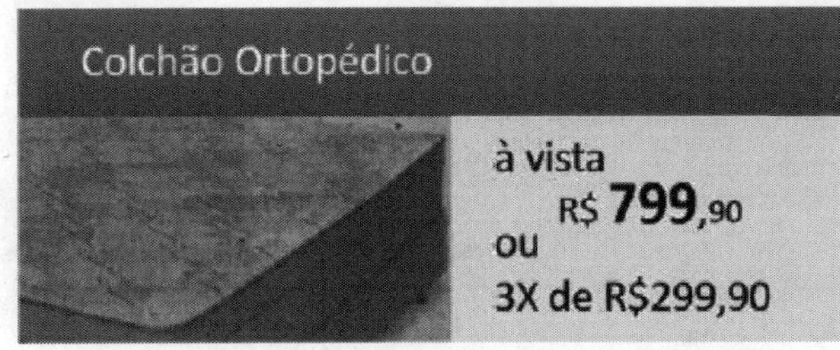

As prestações oferecidas são mensais, sendo que a primeira acontece 30 dias após a compra, e as demais, nos meses subsequentes.

Qual é a taxa de juro composto efetiva, aproximada, ao mês, do financiamento pago pelo cliente da loja?

a) 4,16 %

b) 5,00 %

c) 6,12 %

d) 10,00 %

e) 12,48 %

78. Um cliente de uma loja de eletrodomésticos deseja antecipar duas parcelas iguais de R$ 1.000,00 de seu financiamento, com vencimento para, respectivamente, 30 e 60 dias a partir de hoje.

Considerando-se uma taxa de desconto de 2% a.m., desconto comercial simples e calendário comercial, quanto será exigido do cliente para quitar as duas parcelas?

a) R$ 1.940,00

b) R$ 1.940,40

c) R$ 1.941,93

d) R$ 1.960,00

e) R$ 2.000,00

79. Uma equipe precisa decidir entre dois projetos mutuamente excludentes (X e Y), com prazo de três anos, cujos fluxos, em milhares de reais, estão mostrados a seguir:

Ano	Fluxo do projeto X	Fluxo do projeto Y
0	–35.000	–40.000
1	5.000	35.000
2	15.000	15.000
3	35.000	5.000

Para auxiliar na avaliação, a equipe analisou a sensibilidade do VPL, em relação ao custo de oportunidade, a partir do gráfico que está representado a seguir.

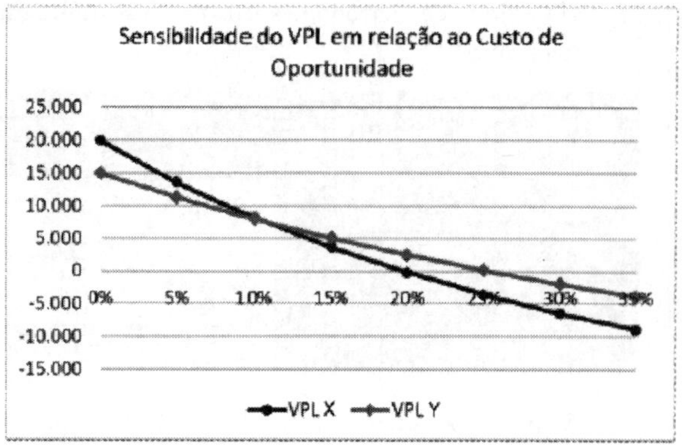

Considerando-se que os projetos são mutuamente excludentes, e os VPLs são iguais para um CO aproximadamente igual a 10%, verifica-se que o(s) projeto(s)

a) Y deve ser sempre aceito, independentemente do custo de oportunidade

b) X deve ser aceito, se o custo de oportunidade for menor que aproximadamente 10%.

c) Y deve ser aceito, se o custo de oportunidade for maior que 10%.

d) X e Y devem ser ambos aceitos, se os custos de oportunidade forem menores que 20%.

e) X e Y devem ser ambos rejeitados, se os custos de oportunidade forem maiores que 20%.

80. Um projeto, com investimento inicial previsto de 20 milhões de reais (alocados no ano 0) e tempo de vida útil estimado em cinco anos, possui uma expectativa de crescimento dos fluxos de caixa dos ativos de 21% a.a. (na comparação com o ano anterior), a partir do ano 1.

Assim, usando-se 1,6 como aproximação para $1,1^5$, o valor mais próximo do fluxo de caixa do ano 1, em milhões de reais, para que a TIR do projeto seja de 10% ao ano, é

a) 3,67

b) 4,12

c) 4,27

d) 5,32

e) 5,58

81. A empresa X vai contratar a empresa Y para realizar um serviço no valor total de 10 milhões de reais. Tal valor será pago em três parcelas, cujos percentuais do valor total do serviço estão apresentados a seguir:

Parcela 1 – 17,5% no ato da contratação; Parcela 2 – 22,0% para 12 meses após a assinatura do contrato; Parcela 3 – 60,5% para 24 meses após a assinatura do contrato.

Qual é o valor atual desse contrato para a empresa X, considerando-se uma taxa mínima de atratividade de 10% a.a.?

a) R$ 8.570.000,00

b) R$ 8.750.000,00

c) R$ 9.000.000,00

d) R$ 9.250.000,00

e) R$ 9.550.000,00

82. O governo central publicou os números da inflação geral apurados a cada mês no primeiro trimestre do ano 20X8, conforme a Tabela I:

Tabela I

	Janeiro/20X8	Fevereiro/20X8	Março/20X8
Inflação geral	1,00%	0,90%	0,85%

Esses números constituem uma informação importante para a elaboração do orçamento anual. Dessa forma, foram calculados em índices, conforme a Tabela II:

Tabela II

	Base: Dezembro/20X7	Janeiro/20X8	Fevereiro/20X8	Março/20X8
Inflação geral	1,000	1,0100	1,0191	1,0278

Com base nos dados acima, verifica-se que o percentual da inflação acumulada, no primeiro trimestre, foi de

a) 1,0275%

b) 2,78%

c) 1,0278%

d) 2,78% com índice acumulado de 3,0569%

e) 1,0278% com índice acumulado de 3,0569%

83. Considere que as ações de duas empresas têm retorno esperado e beta, conforme indicados no Quadro a seguir:

Empresa	Retorno Esperado	Beta
A	23,5%	2,0
B	20,0%	1,6

Se elas estiverem precificadas corretamente segundo o modelo CAPM, então, a taxa sem risco deverá ser igual a

a) 3,5%

b) 4,0%

c) 5,5%

d) 6,0%

e) 7,0%

84. Um equipamento, que poderia ser comprado por 100 milhões de reais à vista, foi financiado por meio de dois pagamentos semestrais sucessivos. O primeiro, no valor de 55 milhões de reais, foi pago seis meses após a compra; o segundo, no valor de 60,5 milhões de reais, foi pago 12 meses após a compra.

O valor mais próximo da taxa anual equivalente cobrada nesse financiamento é igual a

a) 15,5%

b) 16,1%

c) 20,0%

d) 21,0%

e) 22,5%

85. O preço de um determinado produto sofreu exatamente três reajustes sucessivos, um em cada mês do último trimestre de 2017. O Quadro a seg uir mostra a variação percentual do preço em cada mês, na comparação com o mês imediatamente anterior.

Outubro	Novembro	Dezembro
4%	5%	10%

Assim, o aumento percentual acumulado do preço desse produto nesse último trimestre de 2017 pertence ao intervalo:

a) 19,00% a 19,49%

b) 19,50% a 19,99%

c) 20,00% a 20,49%

d) 20,50% a 20,99%

e) 21,00% a 21,49%

86. Uma empresa faz um empréstimo no valor de R$ 200.000,00, a uma taxa de 15% ao ano, para ser pago em 5 prestações anuais e iguais, de acordo com o sistema francês de amortização, vencendo a primeira prestação 1 ano após a data do empréstimo. A Tabela abaixo é parte da planilha de amortização apresentada pelo credor.

Tempo	Prestação	Amortização	Juros	Saldo devedor
0				R$ 200.000,00
1	R$ 59.663,11	R$ 29.663,11	R$ 30.000,00	R$ 170.336,89
2	R$ 59.663,11	R$ 34.112,58	R$ 25.550,53	R$ 136.224,31

Para avaliar o total de juros que serão pagos nesse financiamento, um auditor completa a planilha até o final, de modo que o saldo devedor seja zero.

O total de juros, em milhares de reais, que serão pagos pela empresa, se todas as prestações forem quitadas de acordo com o planejado, pertence ao intervalo:

a) 50,1 a 65,0

b) 65,1 a 80,0

c) 80,1 a 95,0

d) 95,1 a 110,0

e) 110,1 a 125,0

87. Um equipamento, cujo preço anunciado é de R$ 100.000,00 pode ser comprado à vista com um desconto de 20%, ou a prazo, em duas parcelas mensais e iguais de R$ 55.000,00, sendo a primeira na data da compra, e a segunda para daí a 1 mês.

A taxa mensal de juros cobrada pela loja, comparando-se as duas formas de pagamento, é igual a

a) 20%

b) 30%

c) 55%

d) 120%

e) 150%

88. Um investimento de R$ 10.000,00 por 2 meses produziu um montante de R$ 11.576,25. Durante o período da aplicação, a inflação mensal foi de 5%.

A taxa real de juros no bimestre é de

a) 5,0%

b) 5,5%

c) 7,62%

d) 10,25%

e) 15,62%

89. Uma pessoa recebeu duas propostas para se aposentar. Na proposta I, ela receberia R$ 4.500,00 mensais constantes. Na proposta II, ela começaria recebendo R$ 3.500,00, mas teria um reajuste real mensal de 0,1%. Ela receberá tais valores até o seu falecimento e, devido à sua longa perspectiva de vida, tais valores devem ser projetados como uma série infinita. Ela tem a oportunidade de aplicar seus recursos em uma aplicação financeira que sempre oferece uma taxa de retorno real de 0,6% ao mês.

Em termos financeiros, ela deverá escolher a proposta

a) I, apesar de não se poder calcular o seu valor presente.

b) I, pois apresenta um valor presente maior em R$ 50.000,00.

c) I ou proposta II, pois elas sao equivalentes.

d) II, pois apresenta um valor presente maior em R$ 50.000,00.

e) II, apesar de não se poder calcular o seu valor presente.

90. Um investimento em imóveis rende nominalmente 54,1% em 6 meses.

Se o investidor espera obter um ganho real de, no mínimo, 5% ao mês, qual deve ser o valor máximo da variação de preços no semestre?

Dados						
X	1,01	1,02	1,03	1,04	1,05	1,06
X^6	1,06	1,13	1,19	1,27	1,34	1,42

a) 15%

b) 20%

c) 24%

d) 30%

e) 34%

91. A Figura abaixo apresenta um fluxo de caixa elaborado para analisar a viabilidade de um novo empreendimento em um contexto no qual a taxa de juros vale 10%. As setas para cima significam receitas a serem recebidas até o final do período indicado, e a seta para baixo representa o investimento inicial.

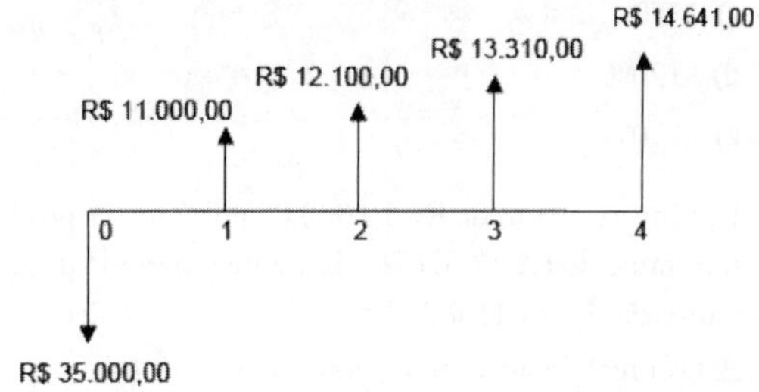

Em relação à viabilidade do projeto sob o critério do pay-back descontado, verifica-se que ele

a) não se paga.

b) se paga entre os períodos 3 e 4.

c) se paga no final do período 3.

d) causa um prejuízo de R$ 5.000,00.

e) gera um retorno de R$ 16.051,00.

92. Uma instituição financeira efetua o desconto de um título de valor de face de R$ 25.000,00 dois meses antes do vencimento, utilizando taxa de desconto simples bancário (por fora) de 9% ao mês. A instituição exige o pagamento de 2% do valor de face do título como taxa de administração no momento de desconto do título.

A taxa bimestral de juros realmente cobrada é de

a) 20%

b) 25%

c) 11%

d) 16%

e) 22,5%

93. Um cliente fez um investimento de 50 mil reais em umBanco, no regime de juros compostos. Após seis meses,ele resgatou 20 mil reais, deixando o restante aplicado.Após um ano do início da operação, resgatou 36 mil reais,zerando sua posição no investimento.

A taxa semestral de juros proporcionada por esse investimento pertence a que intervalo abaixo?

Dado $\sqrt{76} = 8,7$

a) 7,40% a 7,89%

b) 8,40% a 8,89%

c) 6,40% a 6,89%

d) 6,90% a 7,39%

e) 7,90% a 8,39%

94. Considere que hoje é uma segunda-feira e um carnê de pagamentos apresenta um vencimento em atraso desde a última terça-feira, para um valor de R$ 100,00, e ainda prevê multa de 2%, e mora de 12% a.m.

O valor a pagar, em reais, é de

a) 104,40

b) 114,00

c) 104,00

d) 103,60

e) 104,45

95. Uma empresa descontou dois títulos em 10/06/2015, quarta-feira. O primeiro título foi emitido em 20/05/2015 com valor de R$ 4.000,00 e vencimento em 30/06/2015. O segundo, em 25/05/2015 com valor de R$ 6.000,00 e vencimento também em 30/06/2015. Sabe-se que a operação foi de desconto comercial simples com prazo de d+2 para liquidação, e que a taxa de desconto pactuada foi de 6% a.m.

Com base na operação acima descrita, desconsiderando-se tarifas e impostos não mencionados, o valor líquido da operação, em reais, foi de:

a) 9.212,00

b) 9.560,00

c) 788,00

d) 440,00

e) 9.400,00

96. Dois projetos de investimento W e Z são convencionais, isto é, as saídas de caixa antecedem as entradas. As taxas internas de retorno – TIR – para os projetos W e Z são, respectivamente, iguais a 10% e 12% ao ano. O projeto diferencial W-Z tem TIR igual a 8%.

O projeto W é o melhor se a taxa mínima de atratividade anual for

a) maior que 8% e menor do que 12%

b) acima de 12%

c) maior que 6% e menor do que 10%

d) menor que 8%

e) maior do que 10% e menor do que 12%

97. Um financiamento está sendo negociado a uma taxa nominal de 20% ao ano. A taxa de juros efetiva anual desse financiamento, se os juros são capitalizados semestralmente, é:

a) 12,10%

b) 20,21%

c) 21,00%

d) 22,10%

e) 24,20%

98. Uma loja vende artigos nas seguintes condições: • pagamento à vista com 10% de desconto ou • pagamento um mês após a compra com 10% de acréscimo. A taxa mensal de juros embutida nas vendas com pagamento um mês após a compra é, aproximadamente:

a) 18%

b) 19%

c) 20%

d) 21%

e) 22%

99. A administração financeira trata, basicamente, do conjunto de atribuições realizadas pelo administrador, com a utilização da matemática financeira, ferramenta adotada para o estudo da variação do dinheiro ao longo do tempo e que, no processo de tomada de decisão, deve fazer prevalecer o equilíbrio entre o risco envolvido nas aplicações e sua respectiva remuneração. No que se refere à rentabilidade dos investimentos, a taxa interna de retorno (TIR) é definida como a taxa

a) de desconto, que deve ser obtida para manter ou elevar o preço das ações.

b) de desconto, que iguala o VPL de uma oportunidade de investimento a zero.

c) de retorno, que é exigida para um ativo livre de risco.

d) efetiva cobrada pelo fornecedor de fundos e paga pelo tomador.

e) mínima de juros, que uma proposta de investimento deverá produzir.

100. Foi oferecido a uma empresa um projeto para investimento de R$ 120.000,00 com a seguinte previsão do fluxo de entradas de caixa:

1° ano = R$ 55.000,00

2° ano = R$ 54.450,00

3° ano = R$ 26.620,00

Considerando somente as informações recebidas, a taxa de retorno de 10% ao ano, fixada pela empresa, e o método de análise do Valor Presente Líquido (VPL), o resultado desse investimento, em reais, é

a) negativo de 17.769,00

b) negativo de 5.000,00

c) positivo de 12.073,00

d) positivo de 16.070,00

e) positivo de 26.980,00

Gabaritos

01	E	51	D
02	C	52	C
03	A	53	B
04	A	54	B
05	E	55	E
06	D	56	B
07	B	57	C
08	A	58	D
09	C	59	C
10	A	60	E
11	A	61	D
12	D	62	B
13	A	63	C
14	E	64	C
15	A	65	D
16	E	66	C
17	B	67	E
18	E	68	C
19	C	69	A
20	E	70	C
21	D	71	C
22	A	72	C
23	C	73	C
24	D	74	E
25	B	75	D
26	A	76	A
27	C	77	C
28	A	78	A
29	C	79	B
30	A	80	A
31	E	81	B
32	D	82	B

33	C	83	D
34	B	84	D
35	B	85	C
36	B	86	D
37	E	87	D
38	A	88	A
39	D	89	B
40	A	90	A
41	C	91	B
42	D	92	B
43	C	93	D
44	B	94	A
45	D	95	B
46	C	96	D
47	E	97	C
48	A	98	E
49	B	99	B
50	E	100	B

CONHECIMENTOS BANCÁRIOS

4 CONHECIMENTOS BANCÁRIOS

01. Sobre o Sistema Financeiro Nacional, o órgão normativo máximo, que formula a política monetária e de crédito é:

a) Banco Central do Brasil (BACEN).

b) Comitê de Política Monetária (COPOM).

c) Comissão de Valores Mobiliários (CVM).

d) Conselho Monetário Nacional (CMN).

e) Conselho de Controle de Atividades Financeiras (COAF).

02. A ação de um banco central compra títulos de longo prazo no mercado aberto a fim de aumentar a oferta de moeda é a aplicação de:

a) Política monetária contracionista.

b) Isenção tributária.

c) Política cambial contracionista.

d) Teto de gastos.

e) Política monetária expansionista.

03. A ________________ mede a variação da taxa de câmbio, considerando a variação de preços, tanto na economia interna como na economia externa. O termo que preenche a lacuna é:

a) Taxa de câmbio real.

b) Taxa de câmbio nominal.

c) Política de câmbio fixo.

d) Política de câmbio flutuante.

e) Banda cambial.

04. Das Garantias do Sistema Financeiro Nacional, sobre a fiança, é correto afirmar:

a) É uma garantia de pagamento formal e solidária firmada por terceiro em título de crédito.

b) É quando uma pessoa se obriga a satisfazer determinada obrigação, caso o devedor não a cumpra.

c) É um compromisso contratual pelo qual uma instituição financeira garante o cumprimento de obrigações de seus clientes.

d) É quando o devedor transfere ao credor a propriedade de uma coisa móvel ou imóvel, até que a dívida daquele seja inteiramente paga.

e) É um direito sobre um bem imóvel ou aos que forem a ele equiparados, que busca assegurar o pagamento de uma dívida.

05. Considerando o compromisso com a sustentabilidade cada vez mais requerido no contexto moderno, o Banco do Brasil elaborou sua Política de Responsabilidade Socioambiental - a Agenda 30.

É desafio de negócio sustentável da Agenda 30:

a) Fortalecer a gestão do risco socioambiental nos negócios, processos e relações comerciais do Banco do Brasil.

b) Aprimorar a gestão do relacionamento com o cliente e aumentar os índices de satisfação e retenção.

c) Desenvolver e ofertar soluções financeiras e modelos de negócios que incorporem a ASG, a fim de fomentar a transição para uma economia inclusiva e de baixo carbono.

d) Otimizar a capacidade do Banco do Brasil em gerar e distribuir valor, contribuindo para o desenvolvimento do País.

e) Promover iniciativas e soluções de educação financeira de forma a contribuir com a inclusão digital e com as decisões financeiras dos clientes do BB.

06. Na estrutura do Sistema Financeiro Nacional, há instituições financeiras que atuam como auxiliares do subsistema de intermediação. Qual das instituições abaixo não é uma instituição financeira auxiliar deste subsistema:

a) Bolsas de Valores.

b) Sociedades Distribuidoras de Títulos e Valores Mobiliários.

c) Banco Central do Brasil.

d) Sociedades Corretoras de Títulos e Valores Mobiliários.

e) Agentes Autônomos.

07. SWAP é a troca de indexadores entre as partes. Como instrumento de controle do dólar, no SWAP reverso:

a) O BACEN se compromete a pagar juros do período.

b) Há venda de dólares no mercado futuro.

c) O BACEN usa o SWAP reverso para controlar altas bruscas do dólar.

d) O investidor se compromete a devolver a diferença da taxa de juros do período.

e) O BACEN oferece pagamento da oscilação do dólar, além de um prêmio.

08. O mercado de câmbio é o ambiente onde se realizam as operações de câmbio entre agentes autorizados. Não corresponde a uma instituição autorizada pelo BACEN a realizar operações de câmbio:

a) Bancos Múltiplos.

b) Fundos de Hegde.

c) Bancos de Câmbio.

d) Agências de Fomento.

e) Bancos Comerciais.

09. Recuperação de crédito é o procedimento de reparação de inadimplências. Das características da recuperação de crédito e compra de dívidas, pode-se afirmar:

a) Mesmo com o título na recuperadora, o banco ainda tem a responsabilidade sobre a cobrança.

b) As recuperadoras recorrem ao banco para adquirir dívidas novas.

c) Quando uma dívida passa para uma recuperadora, há alteração de valor.

d) A recuperação do crédito tem o único objetivo de quitar a dívida.

e) Há momento de negociação do valor com intuito de limpar o nome do inadimplente.

10. Sobre Recuperação de Crédito e as Operações de Tesouraria, não é uma operação de tesouraria:

a) Contas a receber.

b) Contas a pagar.

c) Administração de fluxo de caixa.

d) Planejamento financeiro.

e) Captação e aplicação de recursos financeiros.

11. Na ________________, ocorre a inserção do dinheiro ilícito na economia formal, ou seja, em empresas lícitas. A alternativa que preenche a lacuna e corresponde à etapa descrita do crime de lavagem de dinheiro é:

a) Colaboração.

b) Colocação.

c) Condenação.

d) Ocultação.

e) Integração.

12. Constitui violação do dever de sigilo de acordo com a Lei Complementar nº 105/2001:

a) Fornecimento de informações de cadastro dos clientes.

b) Comunicação às autoridades competentes de prática de ilícitos.

c) Quebra de sigilo pode ser decretada quando necessário para apuração de ilícito.

d) Troca de informações entre instituições financeiras.

e) Fornecimento de informações constantes no cadastro de emitentes de cheques sem fundos.

"Ser o banco mais confiável e relevante para a vida dos clientes, funcionários e para o desenvolvimento do Brasil."

13. Este trecho retirado do código de ética do Banco do Brasil, corresponde à:

a) Missão.

b) Princípio.

c) Visão.

d) Propósito.

e) Valores.

14. A política de sustentabilidade envolve um tripé composto por:

a) Pessoas, meio ambiente e empresas.

b) Meio Ambiente, sociedade e governo.

c) Sociedade, planeta e empresas.

d) Pessoas, planeta e lucro.

e) Governo, empresas e planeta.

"Somos comprometidos com a transparência e a solidez de nossas ações."

15. Este trecho retirado do Código de Ética do Banco do Brasil corresponde ao valor:

a) Senso de dono.

b) Foco no cliente.

c) Eficiência.

d) Espírito Público.

e) Confiabilidade.

16. A respeito do Conselho Monetário Nacional, pode-se afirmar que:

a) É uma entidade supervisora do Sistema Financeiro Nacional;

b) Está subordinado ao BACEN;

c) Se reúne a cada 45 dias;

d) Tem como integrantes do Conselho o Ministro da Fazenda, o Ministro do Orçamento, Planejamento e Gestão e o Presidente do Banco Central.

e) É um órgão normativo que formula a política da moeda e crédito.

17. Fábio e Mario estavam conversando sobre mercado de capitais e fizeram uma pesquisa sobre características, vantagens e desvantagens do IPO.

Como resultado desta pesquisa, não está correta a informação:

a) Uma empresa no IPO busca mais recursos para expandir no mercado.

b) Uma das vantagens é a visibilidade.

c) Uma desvantagem é a falta de sigilo no mercado.

d) A empresa está ofertando suas ações no mercado há algum tempo.

e) Há desvantagem de atender aos interesses dos acionistas.

"Garantia, tanto de bens móveis quanto imóveis, onde o credor tem o bem e o devedor posse direta."

18. O conceito acima trata da garantia de:

a) Aval.

b) Fiança.

c) Alienação fiduciária.

d) Hipoteca.

e) Penhor.

19. Sobre a Lei Complementar nº 105/2021 sobre o sigilo bancário, pode ser quebrado mediante autorização judicial em casos de:

a) Troca de informações entre instituições financeiras;

b) Apuração de ocorrência de qualquer ilícito;

c) Fornecimento de informações de inadimplentes a entidades de proteção ao crédito;

d) Comunicação às autoridades competentes de prática de ilícitos.

e) Solicitação de revisão de pensão alimentícia.

20. A respeito do código de ética do Banco do Brasil, qual das alternativas abaixo não é um princípio:

a) Eficiência.

b) Honestidade.

c) Respeito.

d) Responsabilidade.

e) Transparência.

21. Sobre a estrutura do Sistema Financeiro Nacional e seus órgãos normativos e demais instituições, podemos afirmar que:

a) O COPOM se reúne para definir a Taxa Selic a cada vinte dias.

b) A CVM é uma entidade supervisora ligada ao BACEN.

c) As decisões do COPOM visam que a inflação medida através do IGPM mantenha-se dentro da meta definida pelo CMN.

d) A CVM é uma autarquia que supervisiona títulos e valores mobiliários.

e) Um dos objetivos da CVM é proteger os interesses da sociedade.

Frederico, produtor rural, foi até sua agência buscar informações sobre Crédito Rural. Ele pretende realizar produção de mudas de suculentas.

22. Sobre o crédito rural, além de pesquisa ou produção de mudas, outra função é:

a) Atividades urbanas relacionadas a consultoria rural;

b) Medição de Lavouras;

c) Serviços automatizados rurais.

d) Prestação de serviços veterinários.

e) Distribuição de mudas.

23. Quanto às operações de tesouraria, não é uma operação financeira da tesouraria:

a) Contas a pagar e a receber.

b) Administração de fluxo de caixa.

c) Planejamento financeiro.

d) Captação de Recursos Financeiros.

e) Aplicação de Recursos Financeiros.

24. Sabe-se que, quanto ao crime de lavagem de dinheiro, o crime apresenta-se em três etapas que são:

a) Colocação, ocultação e integração.

b) Disposição, ocultação e agregação.

c) Colocação, ocultação e evaporação.

d) Recebimento, ocultação e incorporação.

e) Disposição, manipulação e evaporação.

25. "Emitir e originar título sustentável e ampliar o volume de crédito de sustentável" são duas das ações que correspondem ao desafio de:

a) Cultura da Sustentabilidade.

b) Risco Socioambiental.

c) Mudanças Climáticas.

d) Saúde e Segurança do trabalho.

e) Negócios sustentáveis

26. Buscas na Internet por meio do Google permitem o uso de operadores, ou comandos especiais, que podem tornar o resultado mais preciso.
Assinale o operador usado para garantir que o resultado de uma busca contenha uma palavra específica.

a) -

b) " "

c) +

d) IN:

e) OR

27. Sobre o sistema financeiro nacional e o mercado bancário, assinale a instituição listada a seguir que é considerada uma *instituição bancária.*

a) Caixa Econômica Federal.

b) Associação de poupança e empréstimo.

c) Sociedade de crédito, financiamento e investimento.

d) Sociedade de crédito imobiliário.

e) Sociedade de arrendamento mercantil.

28. Entre as seguintes carteiras distribuídas entre as instituições do grupo Banestes, assinale a que é obrigatória para o Banestes ser classificado como um *banco múltiplo.*

a) Investimento.

b) Distribuidora de Títulos e Valores Mobiliários.

c) Crédito, financiamento e investimento.

d) Crédito imobiliário.

e) Arrendamento mercantil.

29. Sobre o Conselho Monetário Nacional (CMN) e o Comitê de Política Monetária (Copom), analise as afirmativas a seguir.

I. São objetivos do CMN a estabilidade da moeda e o desenvolvimento econômico e social do país.

II. São órgãos supervisores sob a esfera de competência do CMN: o Banco Central do Brasil (BCB), a Comissão de Valores Mobiliários (CVM) e a Superintendência de Seguros Privados (Susep).

III. A principal decisão de cada reunião do Copom é a definição da taxa de juros Selic pelo Banco Central do Brasil (BCB).

Está correto o que se afirma em

a) I, apenas.

b) I e II, apenas.

c) I e III, apenas.

d) II e III, apenas.

e) I, II e III.

30. Em relação ao Banco Central do Brasil (BCB), assinale (V) para a afirmativa verdadeira e (F) para a falsa.

( ) A partir da Lei Complementar nº 179/2021, o BCB passou a ter autonomia para contratar servidores e definir salários.

( ) O BCB tem a missão institucional de garantir a estabilidade do poder de compra da moeda, zelar por um sistema financeiro sólido, eficiente e competitivo, e fomentar o bem-estar econômico da sociedade.

( ) O BCB se submete a auditoria independente.

As afirmativas são, respectivamente,

a) F, F e F.

b) F, V e V.

c) F, F e V.

d) V, F e V.

e) V, V e V.

31. No mercado de capitais, as seguintes instituições são reguladas pela Comissão de Valores Mobiliários (CVM), à exceção de uma.

Assinale-a.

a) Bolsa de Valores.

b) Fundos de Investimento.

c) Sociedades de Capitalização.

d) Auditores Independentes.

e) Agências Classificadoras de Risco (*Rating*).

32. Em relação a seguros e previdência, assinale a afirmativa correta.

a) No seguro de acidentes pessoais, o suicídio, ou sua tentativa, não é equiparado a acidente pessoal, para fins de pagamento de indenização.

b) No seguro prestamista que estabelece indenização para quitação, amortização ou pagamento de um determinado número de parcelas de uma dívida, podem estar incluídas coberturas de desemprego involuntário ou voluntário.

c) O seguro de automóvel na modalidade de valor de mercado referenciado estabelece o pagamento de quantia fixa estipulada pelas partes no ato da contratação do seguro.

d) Em seguro de automóveis, a seguradora não pode estabelecer um prazo máximo para o segurado comunicar o sinistro.

e) O "seguro popular" é igual ao "microsseguro", ambos são direcionados para as necessidades específicas das famílias de baixa renda.

33. Em relação à previdência e aos seguros, assinale a afirmativa correta.

a) Todos os planos de previdência complementar aberta dão direito ao resgate antecipado.

b) Os planos de previdência complementar aberta não são passíveis de portabilidade.

c) No Vida Gerador de Benefício Livres (VGBL), o imposto de renda incide sobre o valor total a ser resgatado ou recebido sob a forma de renda; já no Plano Gerador de Benefício Livres (PGBL), o imposto de renda incide apenas sobre os rendimentos.

d) Nos planos de fundos de pensão organizados por associações ou entidades de classe, estas associações ou entidades de classe têm de fazer contribuições conjuntamente às feitas pelos associados.

e) Nos planos de benefícios de contribuição definida (CD) dos fundos de pensão, não se tem assegurado o valor do benefício que o participante vai receber no futuro.

34. Em relação aos produtos bancários, analise as afirmativas a seguir.

I. A remuneração dos depósitos de poupança composta pela Taxa Referencial (TR) acrescida de 0,5% ao mês só é aplicada enquanto a meta da taxa de juros Selic ao ano for superior a 8,5%.

II. O cartão de crédito pode ser emitido tanto por instituição financeira quanto por instituição de pagamento.

III. O crédito rural pode ser destinado a custeio, investimento, comercialização e industrialização de produtos agropecuários e de sua produção.

Está correto o que se afirma em

a) II, apenas.

b) I e II, apenas.

c) I e III, apenas.

d) II e III, apenas.

e) I, II e III.

35. Quanto a noções do mercado de capitais ("mercado de valores mobiliários"), assinale (V) para afirmativa verdadeira e (F) para a falsa.

( ) No mercado de capitais, os títulos (valores mobiliários) resultantes do investimento que estabelecem uma relação de crédito e débito entre as partes tomadora e poupadora, constituem-se em títulos patrimoniais ou de capital.

( ) No mercado de capitais, o investidor que adquiriu uma ação pode, passado um prazo pré-estabelecido, solicitar o resgate do valor da ação diretamente à empresa.

( ) No mercado de capitais, os investidores não podem adquirir os títulos (valores mobiliários) indiretamente.

As afirmativas são, respectivamente,

a) F, F e F.

b) F, V e V.

c) F, F e V.

d) V, F e F.

e) V, V e V.

36. Quanto a noções do mercado de câmbio, analise os itens a seguir.

I. O mercado de câmbio é regulamentado e fiscalizado pelo Banco Central do Brasil (BCB) em conjunto com a Comissão de Valores Mobiliários (CVM).

II. As taxas de compra e venda de moeda estrangeira no mercado de câmbio brasileiro são livremente pactuadas entre as partes.

III. As pessoas físicas e as pessoas jurídicas podem comprar e vender moeda estrangeira, sem limitação de valor, desde que observada a legislação, as diretrizes estabelecidas pelo Conselho Monetário Nacional (CMN) e a regulamentação editada pelo Banco Central do Brasil (BCB).

Está correto o que se afirma em

a) III, apenas.
b) I e II, apenas.
c) I e III, apenas.
d) II e III, apenas.
e) I, II e III.

37. Em relação às garantias do Sistema Financeiro Nacional, assinale a afirmativa correta.

a) No caso de título de crédito, se o devedor pagar ao credor primitivo antes de ser notificado ou tiver conhecimento da cessão a outro credor, fica desobrigado de ter de pagar ao novo credor.
b) A fiança não pode ser de valor inferior ao da obrigação principal.
c) No caso de aval, é permitido que o título de crédito seja objeto de aval parcial.
d) A alienação fiduciária se aplica apenas a bens móveis.
e) O penhor mercantil se aplica a coisa móvel ou imóvel que possa ser alienada.

38. Um cliente do Banestes quer fazer uma aplicação financeira, mas exige que a aplicação conte com proteção do Fundo Garantidor de Crédito (FGC).

As opções a seguir apresentam aplicações que podem ser oferecidas a esse cliente, à exceção de uma. Assinale-a.

a) Depósito de poupança.
b) Recibo de Depósito Bancário (RDB).
c) Certificado de Depósito Bancário (CDB).
d) Fundos de Investimento.
e) Letras de câmbio.

39. Quanto à autorregulação bancária, analise os itens a seguir.

I. A autorregulação bancária vigente no Brasil constitui-se de um conjunto de compromissos básicos de adesão obrigatória, podendo ser complementado por outro conjunto de compromissos adicionais de adesão voluntária.

II. As sistemáticas de autorregulação bancária vigentes no Brasil têm eixos normativos de: relacionamento com o consumidor, prevenção a ilícitos e responsabilidade socioambiental.

III. As regras de autorregulação bancária são supervisionadas pelo Banco Central do Brasil (BCB).

Está correto o que se afirma em

a) I, apenas.
b) I e II, apenas.
c) I e III, apenas.
d) II e III, apenas.
e) I, II e III.

40. Quanto a noções básicas sobre os crimes de lavagem ou ocultação de bens, direitos e valores, assinale (V) para a afirmativa verdadeira e (F) para a falsa.

( ) O fato de um cliente do Banestes tentar fechar um câmbio de exportação no qual o preço do produto exportado está por um valor de 40% do preço internacional do produto constitui situação que precisa ser tratada para a prevenção à lavagem de dinheiro e ao financiamento do terrorismo (PLD/FT).

( ) O fato de ocorrerem saques em espécie da conta de um cliente do Banestes que recebeu diversos depósitos por transferência eletrônica de várias origens em curto período de tempo constitui situação que precisa ser tratada para a prevenção à lavagem de dinheiro e ao financiamento do terrorismo (PLD/FT).

( ) Um cliente brasileiro do Banestes que é diretor presidente de uma grande empresa privada precisa ser tratado como pessoa exposta politicamente (PEP) constante nas normas de prevenção à lavagem de dinheiro e ao financiamento do terrorismo (PLD/FT) editadas pelos órgãos reguladores e fiscalizadores.

As afirmativas são, respectivamente,

a) F, F e F.
b) F, F e V.
c) V, F e F.
d) V, V e F.
e) V, V e V.

41. Em relação à prevenção da utilização do sistema financeiro para os atos ilícitos, em conformidade com a Lei nº 9.613/1998, analise as afirmativas a seguir.

I. O Banestes, por ser considerado um banco de menor porte (segmento S3 da definição do Banco Central do Brasil), pode adotar políticas, procedimentos e controles internos para o cumprimento da obrigação de comunicação de atividades suspeitas proporcionalmente menores que os bancos maiores (S1 e S2).

II. As operações com indícios de ilicitudes devem ser comunicadas pelo Banestes ao Conselho de Controle de Atividades Financeiras (Coaf), atual Unidade de Inteligência Financeira (UIF), e ao cliente do Banestes a que se refira a operação.

III. Se o Banestes não cumprir com as obrigações relacionadas à lavagem ou à ocultação de bens, direitos e valores, poderá ter cassada ou suspensa sua autorização para funcionamento.

Está correto o que se afirma em

a) II, apenas.
b) I e II, apenas.
c) I e III, apenas.

d) II e III, apenas.

e) I, II e III.

42. Tendo por base as previsões do Guia de Conduta Ética do Banestes para o relacionamento com o cliente e os usuários, assinale (V) para afirmativa verdadeira e (F) para a falsa.

( ) É vedado induzir os clientes ou usuários a erro, assegurar ou sugerir a existência de garantia de resultados futuros ou a isenção de risco.

( ) Deve-se evitar a transferência de contas de clientes por motivo de movimentação no quadro de gerentes entre agências.

( ) Caso o cliente do Banestes seja cidadão dos Estados Unidos da América, o Banestes terá de fornecer dados da conta desse cliente ao Fisco norte americano (IRS) em cumprimento às regras do FATCA (*Foreign Account Tax Compliance Act*).

As afirmativas, são, respectivamente,

a) F, F e F.

b) F, F e V.

c) V, F e F.

d) V, V e F.

e) V, V e V.

43. Em relação à ruptura digital no SFN (Sistema Financeiro Nacional) promovida pelas *Fintechs* de crédito; pelas IPs (Instituições de Pagamento); pelo "*Open Finance*" (sistema financeiro aberto); e pelo PIX, assinale a afirmativa correta.

a) As *Fintechs* de crédito não necessitam de autorização do Banco Central do Brasil (BCB) para operarem.

b) Em relação às *Fintechs* de crédito, a Sociedade de Empréstimo entre Pessoas (SEP) pode fazer captação de recursos do público, desde que eles estejam inteira e exclusivamente vinculados à operação de empréstimo.

c) As IPs podem conceder empréstimos e financiamentos a seus clientes.

d) No "*Open Finance*", é obrigatória a participação de todas as instituições autorizadas a funcionar pelo Banco Central do Brasil (BCB).

e) Empresas podem ser tarifadas no envio de pagamentos ou transferências via PIX, mas não podem ser tarifadas no recebimento de pagamentos ou transferências via PIX.

44. Em relação à ruptura digital no SFN (Sistema Financeiro Nacional) promovida pelas *Fintechs* de crédito; pelas IPs (Instituições de Pagamento); pelo "*Open Finance*" (sistema financeiro aberto); e pelo PIX, assinale a afirmativa correta.

a) Em relação às *Fintechs* de crédito, a Sociedade de Crédito Direto (SCD) pode prestar os serviços de análise de crédito para terceiros, cobrança de crédito de terceiros, mas não pode realizar operações de crédito com recursos próprios.

b) As IPs não podem gerir conta de pagamento.

c) No "*Open Finance*", os clientes de produtos e serviços financeiros podem compartilhar suas informações entre diferentes instituições autorizadas pelo Banco Central do Brasil (BCB).

d) No "*Open Finance*", a movimentação de contas bancárias de uma instituição só pode ser realizada a partir do aplicativo ou site dessa instituição.

e) É indispensável cadastrar uma chave para fazer ou receber um PIX.

45. Em relação à ruptura digital no SFN (Sistema Financeiro Nacional) promovida pelo "*Open Finance*" (sistema financeiro aberto); e pelo PIX, assinale a afirmativa correta.

a) No "*Open Finance*", o compartilhamento de informações depende da concordância da instituição detentora dessas informações.

b) No "*Open Finance*", o compartilhamento de informações só pode ser interrompido ao final do prazo estabelecido para o compartilhamento.

c) O PIX funciona 24 horas por dia, sete dias por semana, exceto feriados.

d) O PIX é o pagamento instantâneo brasileiro criado pelo Banco Central do Brasil (BCB) em que os recursos são transferidos entre contas em poucos segundos.

e) No âmbito do PIX, aplicam-se aos microempreendedores individuais (MEI) e empresários individuais (EI) as mesmas regras de pessoa jurídica.

46. Em relação ao que a Resolução CMN nº 4.949, de 30/09/2021, estabelece para o Banestes, assinale (V) para a afirmativa verdadeira e (F) para a falsa.

( ) O Banestes deve adotar o previsto na Resolução nas fases de contratação e de pós-contratação de produtos e de serviços, estando desobrigado na fase de pré-contratação.

( ) A necessidade de o Banestes assegurar a identificação dos usuários finais beneficiários de pagamento ou transferência em demonstrativos e extratos de contas de depósitos não se aplica para contas de pagamento pré-pagas.

( ) O Banestes não pode recusar o recebimento de documentos mediante pagamento por meio de cheque.

As afirmativas são, respectivamente,

a) F, F e F.

b) V, V e F.

c) V, F e V.

d) F, V e V.

e) V, V e V.

47. No âmbito do Sistema Financeiro Nacional, a atribuição da coordenação da Dívida Pública Federal externa e interna é:

a) do Banco Central do Brasil.

b) do Ministério da Fazenda.

c) da Secretaria do Tesouro Nacional.

d) do Ministério do Planejamento, Orçamento e Gestão.

e) do Conselho Monetário Nacional.

48. Como parte da missão de assegurar que o sistema financeiro seja sólido e eficiente, a autorização para funcionamento de instituições financeiras controladas por capitais nacionais é concedida:

a) pelo Conselho Monetário Nacional.
b) pela Comissão de Valores Mobiliários.
c) pela Presidência da República.
d) pelo Banco Central do Brasil.
e) pelo Senado Federal.

49. O gerenciamento do meio circulante para garantir, à população, o fornecimento adequado de dinheiro em espécie é competência:

a) da Casa da Moeda do Brasil.
b) do Sistema de Pagamentos Brasileiro.
c) do Banco Central do Brasil.
d) da Federação Brasileira de Bancos (Febraban).
e) da Secretaria do Tesouro Nacional.

50. O que caracteriza um banco múltiplo, como o Banrisul, é a:

a) possibilidade de captar, por meio das suas agências, somente depósitos à vista.
b) atuação com, pelo menos, duas carteiras, devendo uma, obrigatoriamente, ser de banco comercial ou de investimento.
c) proibição de realizar compra e venda de moeda estrangeira em espécie.
d) atuação na gestão dos recursos do Fundo de Garantia por Tempo de Serviço (FGTS).
e) obrigatoriedade de ter o controle acionário de uma sociedade de arrendamento mercantil.

51. Para que possam fornecer empréstimo e financiamento para aquisição de bens, serviços e capital de giro no mercado nacional, as sociedades de crédito, financiamento e investimento, além de utilizar o seu capital próprio, emitem:

a) letras de câmbio.
b) certificados de depósito bancário.
c) notas promissórias comerciais.
d) letras de crédito imobiliário.
e) debêntures conversíveis.

52. A instituição que tem o objetivo principal de financiar capital fixo e de giro para empreendimentos previstos em programas de desenvolvimento, na unidade da Federação onde estiver sediada, é:

a) o banco de investimento.
b) a agência de fomento.
c) a sociedade de crédito ao microempreendedor.
d) a cooperativa de crédito.
e) a sociedade de arrendamento mercantil.

53. O Comitê de Política Monetária (Copom) é o órgão decisório do Banco Central que, no regime de metas para a inflação, implementado no Brasil em 1999, tem por objetivo:

I. Promover a maior geração de empregos.
II. Estabelecer as diretrizes da política monetária.
III. Definir a meta para a taxa básica de juros no Brasil e seu eventual viés.

Está correto o que consta de:

a) I, apenas.
b) I e II, apenas.
c) II e III, apenas.
d) III, apenas.
e) I, II e III.

54. A Comissão de Valores Mobiliários (CVM) é uma entidade autárquica em regime especial, vinculada ao Ministério da Fazenda, que tem o objetivo de fiscalizar, normatizar, disciplinar e desenvolver o mercado de valores mobiliários no Brasil. Para tanto, o seu mandato legal contempla:

a) proteger as instituições financeiras intermediárias.
b) assegurar o sigilo das informações sobre os valores mobiliários negociados e as companhias que os tenham emitido.
c) estimular a formação de poupança e a sua aplicação em títulos do Tesouro Nacional.
d) estimular as aplicações permanentes em ações do capital social de companhias abertas sob controle público.
e) evitar modalidades de manipulação destinadas a criar condições artificiais de negociação no mercado de valores mobiliários.

55. O Conselho de Recursos do Sistema Financeiro Nacional é um órgão colegiado, integrante da estrutura do Ministério da Fazenda, e que tem por finalidade julgar os recursos contra as sanções aplicadas pelo Banco Central e pela Comissão de Valores Mobiliários (CVM) e, nos processos de lavagem de dinheiro, as sanções aplicadas pelo Conselho de Controle de Atividades Financeiras (COAF) e demais autoridades competentes em:

a) casos de interesse exclusivo de investidores estrangeiros.
b) processos de segunda instância judicial.
c) situações de litígio entre instituições financeiras estatais.
d) segundo grau e última instância administrativa.
e) arbitragens decorrentes da utilização de instrumentos financeiros derivativos.

56. Instituição de pagamento é a pessoa jurídica que viabiliza serviços de compra e venda e de movimentação de recursos, no âmbito de um arranjo de pagamento, que:

a) tem a possibilidade de conceder empréstimos, mediante garantias.
b) gerencia conta de pagamento do tipo pré-paga.
c) financia seus clientes por meio de cartão de crédito.

d) está dispensada da aplicação da regulamentação sobre prevenção à lavagem de dinheiro.

e) não está sujeita à supervisão do Banco Central do Brasil.

57. As sociedades administradoras de cartões de crédito:

a) definem limites de crédito e encargos para financiar diretamente os seus clientes.

b) são empresas financeiras que emitem cartões próprios ou de terceiros.

c) autorizam o uso de bandeira e tecnologia por emissores e credenciadoras de estabelecimentos.

d) são responsáveis pela aceitação dos cartões no âmbito nacional e, se for o caso, internacional.

e) representam portadores perante instituições financeiras para obtenção de financiamento.

58. O Sistema Especial de Liquidação e de Custódia (Selic) é uma das denominadas Infraestruturas do Mercado Financeiro (IMF), por meio do qual:

a) são custodiados títulos privados mantidos em carteiras de fundos de investimento.

b) são registradas as transações de compra e venda de títulos emitidos por instituições financeiras.

c) são transferidos os títulos para o comprador, em cada negociação, em tempo real.

d) ocorrem transferências de reservas e fundos para as câmaras de compensação e liquidação.

e) há a possibilidade de lançamentos retroativos até determinado horário limite no dia posterior.

59. As Bolsas são ambientes físicos ou virtuais organizados para compra e venda de ações, derivativos e outros valores mobiliários. Para que as transações ocorram, é necessário que funcione, de forma harmoniosa, toda uma cadeia de serviços de negociação e pós-negociação, o que, no Brasil, caracteriza o setor como sendo:

a) verticalmente integrado.

b) de regime de compensação negociado caso a caso para derivativos financeiros.

c) horizontalmente distribuído entre os agentes do mercado.

d) aquele em que é desnecessária a existência de contraparte central garantidora.

e) dependente da Comissão de Valores Mobiliários para controle do risco.

60. Frequentemente ofertados aos clientes das redes bancárias, os títulos de capitalização proporcionam:

a) garantia da instituição financeira emissora.

b) isenção de imposto de renda sobre o valor resgatado que exceda à aplicação.

c) prazo de validade igual ou superior a seis meses na modalidade tradicional.

d) possibilidade de transferência durante a vigência, de uma pessoa para outra.

e) a opção, pelo subscritor, da emissão "ao portador".

61. As Cédulas de Crédito Bancário (CCB) constituem uma promessa de pagamento em dinheiro e são:

I. Títulos executivos judiciais que representam dívida em dinheiro, certa, líquida e exigível.

II. Lastreadas em uma operação de crédito de qualquer modalidade.

III. Isentas de imposto de renda sobre os rendimentos, quando adquiridas por pessoa física.

Está correto o que consta de:

a) I, apenas.

b) I e III, apenas.

c) II e III, apenas.

d) I, II e III.

e) II, apenas.

62. Quando o contratante recebe à vista pela cessão para as empresas de fomento mercantil dos seus direitos creditícios, gerados pelas vendas de seus produtos ou pelos serviços realizados, arca com um diferencial financeiro entre o valor de face e o de aquisição, denominado:

a) fator de compra.

b) diferencial de custo

c) fato gerador.

d) desconto nominal.

e) *spread*.

63. O banco múltiplo estatal "Popular" lidera um conglomerado que tem o controle acionário integral de diversas empresas financeiras e não financeiras, dentre as quais uma dedicada ao setor de cartões, que terá realizada a sua abertura do capital por meio de distribuição pública secundária de ações. Nesse caso, os recursos líquidos captados provenientes da operação de *underwriting* serão destinados:

a) ao acionista controlador do banco múltiplo.

b) aos acionistas minoritários e ao acionista controlador da emissora, proporcionalmente.

c) à instituição financeira detentora da parcela representativa do capital da controlada.

d) à companhia emissora das ações.

e) ao banco múltiplo e à empresa do setor de cartões, em partes iguais.

64. O Fundo Garantidor de Créditos (FGC) administra o mecanismo de proteção aos depositantes e investidores no âmbito do Sistema Financeiro Nacional e, sob certas condições, garante cobertura ordinária sobre:

a) depósitos à vista e valores aplicados em previdência privada VGBL ou PGBL.

b) depósitos sacáveis mediante aviso prévio e letras de câmbio.

c) depósitos a prazo, com ou sem emissão de certificado, e depósitos judiciais.

d) letras de crédito do agronegócio e cotas de fundos de investimento.

e) operações relacionadas a programas de interesse governamental instituídos por lei e depósitos de poupança.

65. A Circular nº 3.461/2009 e suas alterações, do Banco Central, consolida as regras sobre os procedimentos a serem adotados por instituições financeiras na prevenção e combate às atividades relacionadas com os crimes de lavagem de dinheiro, previstos na Lei nº 9.613/1998 e suas alterações. Dentre outros, determina que deve ser dispensada especial atenção:

a) a situações em que não seja possível manter atualizadas as informações cadastrais de seus clientes.

b) ao sistema de vigilância presencial nas dependências das agências bancárias.

c) à habitualidade de depósitos em espécie em valores totais mensais que não superem três mil reais.

d) à elevada frequência de utilização, pelo cliente, de caixas eletrônicos em diferentes locais.

e) ao volume das aquisições de moeda estrangeira pelo cliente para fins de alegadas viagens internacionais.

66. O Conselho de Controle de Atividades Financeiras (COAF) tem como missão produzir inteligência financeira e promover a proteção dos setores econômicos contra a lavagem de dinheiro e o financiamento do terrorismo e:

a) pode, de forma sumária, instaurar inquérito nos casos que envolvam pessoas expostas politicamente.

b) exige cadastramento prévio de investidores estrangeiros interessados em atuar no mercado brasileiro.

c) depende do Banco Central e da Comissão de Valores Mobiliários (CVM) para combater a ocultação ou dissimulação de bens, direitos e valores nos mercados financeiro e de capitais.

d) aplica penas administrativas nos setores econômicos em conjunto com órgão regulador ou fiscalizador próprio.

e) recebe, examina e identifica ocorrências suspeitas de atividade ilícita e as comunica às autoridades competentes para instauração de procedimentos.

67. O crédito rural abrange diversas modalidades de financiamento aos empresários do setor, desde a fase de produção até o abastecimento dos mercados consumidores. A modalidade que assegura aos produtores e cooperativas rurais recursos destinados a financiar o abastecimento doméstico e o armazenamento dos estoques excedentes em períodos de queda dos preços é denominada crédito:

a) geral.

b) especial.

c) de investimento.

d) de custeio.

e) de comercialização.

68. É responsável pela regulamentação das instituições de *factoring* a:

a) Anbima.

b) SELIC.

c) CETIP.

d) ANFAC.

e) SUSEP.

69. Os bancos de investimento são caracterizados por:

a) captar recursos por depósitos à vista.

b) ser especializados em operações de curto prazo.

c) poder captar recursos através dos Certificados de Depósito Bancário.

d) poder aplicar livremente no setor público.

e) não ser regulados pelo Banco Central do Brasil.

70. Algumas instituições financeiras são autorizadas a arrecadar tarifas públicas e impostos.
O recolhimento de tais tarifas e impostos:

a) não pode ser efetuado em terminais virtuais, internet *banking*.

b) diminui a evasão fiscal.

c) constitui-se em convênio exclusivo da União.

d) é um serviço direcionado a empresas.

e) aumenta os custos de arrecadação da cobrança.

71. Recentemente duas instituições se fundiram, criando a B3. As instituições que se fundiram foram:

a) Susep e Cetip.

b) Cetip e Bacen.

c) Bacen e CVM.

d) BM&FBovespa e Bacen.

e) BM&FBovespa e Cetip.

72. O encerramento do atendimento ao cliente é um momento da venda em que os profissionais devem:

a) abordar os clientes na agência e encaminhá-los para o atendimento.

b) agir de maneira educada e cortês e investigar as necessidades dos correntistas.

c) ligar para os correntistas e acompanhar os detalhes do recebimento do produto.

d) observar os sinais de concordância dos clientes e incentivá-los a adquirir o serviço.

e) realçar os benefícios da marca e zelar pela manutenção da carteira de cliente.

73. O nível mais básico de um produto bancário é seu núcleo. Ele representa o benefício intangível, que irá solucionar uma necessidade do cliente, tal como a:

a) facilidade de acesso ao internet *banking*.

b) divulgação do grande número de agências disponíveis.

c) garantia de estabilidade e segurança no futuro.

d) promessa de isenção do pagamento das taxas bancárias.

e) proposta de maior rendimento financeiro no mercado.

74. A segmentação é uma estratégia importante para que as marcas se consolidem no mercado. Entre os diversos fins de sua aplicabilidade pelas empresas, está a:

a) alocação dos produtos em áreas de maior concorrência.

b) análise dos fatores que atuam no macroambiente.

c) avaliação das forças e fraquezas da companhia.

d) identificação de nichos rentáveis de mercado.

e) paridade com as marcas concorrentes.

75. Um professor de marketing, numa aula sobre vantagem competitiva e comunicação, deve explicar a seus alunos que, nesse âmbito, é adequado entender que:

a) ações eficazes do *mix* de promoções geram valor para a marca.

b) distorções da mensagem influenciam pouco o entendimento do seu conteúdo.

c) empresas devem evitar ações específicas de propaganda para seus produtos.

d) organizações sem fins lucrativos não precisam anunciar suas ações.

e) veiculações das mensagens determinam a compreensão pelo receptor.

76. Com o objetivo de reter os clientes e manter os relacionamentos já instituídos, o banco X decidiu diminuir as taxas cobradas nos empréstimos e na administração de fundos de investimento para clientes que fizessem negócios há mais de 10 anos com o banco e tivessem mantido, ao longo desse tempo, um volume elevado de depósitos. Nesse caso, a estratégia de *marketing* de relacionamento está ancorada em laços:

a) sociais.

b) estruturais.

c) integrados.

d) financeiros.

e) de customização.

77. Um gerente analisou as atividades da agência sob sua responsabilidade e notou que o movimento de clientes aumenta em quase três vezes entre os dias 5 e 10 de cada mês, quando se concentram os pagamentos de contas de consumo. Nos demais dias do mês, os funcionários passam parte do tempo sem terem clientes para atender. O gerente lamentou não ter como utilizar essa ociosidade em dias de maior procura e focou no treinamento dos funcionários para que o atendimento fosse mais rápido nos dias mais intensos. A situação apresentada se relaciona à característica diferenciadora dos serviços que está associada à impossibilidade de estocagem ou revenda de serviços denominada:

a) variabilidade.

b) perecibilidade.

c) intangibilidade.

d) inseparabilidade.

e) heterogeneidade.

78. A descrição do fundo de investimento é a seguinte: "Fundo destinado a pessoas físicas que procuram investimentos de longo prazo. Os recursos desse fundo são aplicados preponderantemente em títulos do governo com o objetivo de oferecer rendimento acima de outros fundos equivalentes. O investimento inicial é de R$ 5.000,00, e a taxa de administração é 1,50% (a.a.)."

De acordo com essas informações, estão sendo tratados nessa descrição os seguintes componentes do composto de *marketing*:

a) produto e preço.

b) plano e processo.

c) projeto e pessoas.

d) praça e evidência física.

e) pesquisa e promoção.

79. Quando começou a pensar na construção de relacionamentos de longo prazo com clientes, o diretor de uma empresa precisou determinar qual seria o valor financeiro desses relacionamentos no longo prazo. Pressupondo-se que um ciclo de vida médio, para clientes bancários Pessoa Jurídica, é de 20 anos e que cada cliente desses gera, aproximadamente, negócios mensais de R$ 3.000,00, o valor de cada cliente bancário Pessoa Jurídica é de:

a) 60.000,00.

b) 120.000,00.

c) 360.000,00.

d) 600.000,00.

e) 720.000,00.

80. Nos termos da Circular Bacen nº 3.461/2009, as instituições devem manter registros específicos das operações de transferência de recursos.

Nesse contexto, o sistema de registro deve permitir a identificação das emissões de cheque administrativo, de cheque ordem de pagamento, de ordem de pagamento, de Documento de Crédito (DOC), de TED e de outros instrumentos de transferência de recursos, quando de valor superior a:

a) mil reais.

b) dois mil reais.

c) três mil reais.

d) quatro mil reais.

e) cinco mil reais.

81. Na composição do Sistema Financeiro Nacional no Brasil, o órgão normativo responsável pela fixação das metas para a inflação, pelas diretrizes da política cambial e pelas normas inerentes ao funcionamento das instituições financeiras é o(a)

a) Banco Central do Brasil

b) Banco do Brasil

c) Conselho Monetário Nacional

d) Caixa Econômica Federal

e) Comissão de Valores Mobiliários

82. O Sistema Financeiro Nacional abarca diferentes tipos de mercado, definidos pelos objetivos e características de cada um deles.

O tipo de mercado que permite às empresas em geral captar recursos de terceiros e compartilhar os ganhos e riscos envolvidos nos negócios é denominado mercado

a) de capitais

b) de trabalho

c) de crédito

d) de câmbio

e) monetário

83. A Comissão de Valores Mobiliários (CVM) detém personalidade jurídica e patrimônio próprios, é dotada de autoridade administrativa independente, conta com mandato fixo, estabilidade de seus dirigentes e autonomia financeira e orçamentária.

A CVM funciona como

a) empresa de economia mista

b) autarquia em regime especial

c) entidade sem vínculo governamental

d) entidade governamental com fins lucrativos

e) entidade privada

84. O mercado de câmbio brasileiro registrou, no fechamento do dia 09/12/2021, as seguintes cotações de venda do Euro (€), medidas, respectivamente, em Dólares (US$) e em Reais (R$):

1 € = US$1,1286

1 € = R$6,2710

As taxas de câmbio cruzadas indicam que a cotação de venda do Dólar, medida em Reais, naquele mesmo dia, foi de

a) 1 US$ = R$7,0775

b) 1 US$ = R$6,2710

c) 1 US$ = R$5,5564

d) 1 US$ = R$5,4585

e) 1 US$ = R$0,1799

85. Na estrutura do Sistema Financeiro Nacional, algumas instituições funcionam com o objetivo principal de prover recursos necessários para financiar, a curto e a médio prazos, o comércio, a indústria, as empresas prestadoras de serviços, as pessoas físicas e terceiros em geral.

Tal objetivo envolve tarefas típicas dos bancos

a) de investimento

b) de desenvolvimento

c) centrais

d) múltiplos

e) comerciais

86. Admita que, num mesmo dia, dólares sejam negociados para venda à taxa de câmbio de R$4,45/US$, em São Paulo, e de R$4,55/US$, em Recife.

Um operador de câmbio que comprasse, naquele dia, determinada quantia de dólares em São Paulo para vender em Recife estaria fazendo uma operação denominada

a) arbitragem

b) especulação

c) triangulação

d) *swap*

e) *hedging*

87. Admita que a taxa de câmbio real de equilíbrio no Brasil seja estimada, num determinado dia, em R$4,20/US$.

Se, nesse mesmo dia, o Dólar for cotado a uma taxa de câmbio nominal de R$5,40/US$, é indicativo de que o Real brasileiro está

a) sobrevalorizado

b) subvalorizado

c) nem subvalorizado nem sobrevalorizado

d) em paridade real do poder de compra com o Dólar

e) menos competitivo que o Dólar

88. O trecho seguinte alude a importante mercado em que são transacionados os títulos públicos no Brasil:

Todas as transações com títulos públicos se dão em seu âmbito. Ele é o mercado de dívida pública brasileiro e nele se encontram tanto o Banco Central do Brasil realizando a política monetária, quanto o Tesouro, responsável pela gestão da dívida pública e financiamento do governo.

DORNELAS, L.N.D e TERRA, F.H.B. **O Mercado Brasileiro de Dívida Pública.** Campinas: Alínea, 2021, p.6, Adaptado.

O trecho se refere ao mercado

a) cambial

b) acionário

c) CETIP

d) SELIC

e) PTAX

89. Na bolsa de valores brasileira (B3), os investidores interessados em negociar contratos futuros de cupom cambial, relativos a depósitos interfinanceiros, objetivam, fundamentalmente, buscar proteção contra flutuações dos(as)

a) preços das ações negociadas em balcão

b) preços das *commodities* negociadas em balcão

c) preços dos títulos negociados no Tesouro direto

d) taxas de juros referenciadas ao Dólar

e) taxas de juros referenciadas ao Real

90. De acordo com a legislação brasileira, os bancos de investimento

a) podem financiar a compra de bens de consumo duráveis.

b) podem abrir contas-correntes para seus clientes.

c) podem captar recursos via depósitos a prazo.

d) não podem funcionar como instituições financeiras privadas.

e) não podem administrar recursos de terceiros.

91. Uma casa de câmbio no Brasil apresentava a seguinte Tabela com relações entre o real e diversas moedas estrangeiras:

Moeda	R$
Dólar americano	5,5627
Euro	6,4477
Libra esterlina	7,5207
Yuan chinês	0,8673

Com base nestas informações, conclui-se que com um real pode-se comprar, aproximadamente

a) 0,1330 euro

b) 0,1327 dólar americano

c) 1,1530 yuan chinês

d) 0,1551 libra esterlina

e) 0,1798 euro

92. O técnico bancário pode participar das ações de *marketing* de relacionamento do banco em que trabalha. Para isso, ele deve ser capaz de

a) bater as metas definidas e incrementar suas comissões de vendas.

b) induzir os clientes a investir em produtos de que não precisam.

c) redigir mensagens publicitárias e criativas para os clientes.

d) reduzir os custos operacionais da agência em que trabalha.

e) satisfazer as necessidades dos clientes no longo prazo.

93. A percepção dos clientes em relação ao preço praticado para um determinado produto depende de uma série de fatores.

Um fator que influencia essa percepção é o

a) conjunto de produtos em estoque

b) custo fixo que incide sobre a lucratividade

c) número de funcionários da empresa

d) perfil econômico e político da diretoria

e) valor dado ao produto pelo mercado

94. A localização, a disponibilidade e a acessibilidade das agências bancárias se relacionam com qual elemento do composto de *marketing* de um banco?

a) Distribuição

b) Posicionamento

c) Preço

d) Produto

e) Promoção

95. Um banco comercial lançou uma campanha publicitária em mídia televisiva, usando, de forma lúdica, desenhos animados para a comunicação com os clientes. Nas mensagens passadas pelos personagens, é nítida a preocupação desse banco com questões intrínsecas às variáveis do composto de *marketing* de serviços. Os vídeos veiculados falam da gentileza e da competência dos gerentes, da adequação do valor das taxas de juros, do programa de Redução de Tarifas, das diversas opções para interagir com o banco (Agências, *Internet Banking*, Telefone de Atendimento e Caixas Automáticos), da confiabilidade dos serviços de Telefone de Atendimento, e fornecem todas as informações sobre os produtos de Investimento (Poupança, Fundos e CDB's).

Se for feito um paralelo dessas mensagens com os "P" do composto de *marketing* de serviços, identifica-se que se enfatiza a importância

a) do preço, quando se apresenta a confiabilidade dos serviços de telefone de atendimento.

b) das praças, quando se apresentam as diversas opções para interagir com o banco (Agências, *Internet Banking*, Telefone de Atendimento e Caixas Automáticos).

c) dos processos, quando se ressalta a gentileza e a competência dos gerentes, que conhecem as necessidades do cliente.

d) dos pedidos, quando se fornecem todas as informações sobre os produtos de Investimento (Poupança, Fundos e CDB's).

e) do posicionamento, quando se enfatiza a adequação do valor das taxas de juros e do programa de Redução de Tarifas.

96. O gerente de vendas de um banco tem sustentado que, para que as recompensas e os incentivos da empresa tenham impacto sobre a motivação, os profissionais de vendas precisam valorizar essas recompensas, isto é, sentir que as recompensas valem o esforço.

Essa afirmação está embasada na teoria

a) do conflito de papéis

b) dos dois fatores

c) da expectativa

d) da ambiguidade de papéis

e) do enriquecimento do trabalho

97. Uma pessoa é submetida a processo criminal, acusada de realizar atos de lavagem de dinheiro. Nos termos da Lei nº 9.613/1998, a pena será aumentada de um a dois terços se os crimes forem cometidos de forma

a) concreta

b) continuada

c) instantânea

d) produzida

e) reiterada

98. Um servidor público federal deseja mudar os rumos de sua carreira para integrar instituição financeira pública. Sabedor dos rígidos critérios de seleção, inicia seu preparo estudando as características das instituições.

Nos termos das normas em vigor, a Caixa Econômica Federal é uma instituição financeira sob a forma de

a) sociedade de economia mista com capital público
b) empresa pública, de natureza jurídica de direito privado
c) autarquia sob regime de sociedade anônima
d) fundação especial para prestação de serviços financeiros
e) organização social para implementação de políticas públicas

99. Um correntista do Banco J é corriqueiramente atendido pelo gerente. Além do salário, esse correntista recebe diversos depósitos decorrentes de atividades negociais privadas. Em determinado período, a conta-corrente passou a receber saques desproporcionais ao movimento normal. Nos termos da Carta-Circular Bacen no 4001/2020, tais operações passam a ser consideradas suspeitas, tendo em vista sua

a) atipicidade
b) conveniência
c) imprevisibilidade
d) organicidade
e) solvência

100. Uma pessoa realiza contrato de financiamento bancário no qual consta cláusula que obriga o mutuário a celebrar seguro com determinada companhia seguradora. Nos termos da adequada interpretação do Código de Defesa do Consumidor, a cláusula

a) deve ser cumprida se houver sanção.
b) deve ser considerada abusiva.
c) deve ser lida como facultativa.
d) é tradicional e deve ser mantida.
e) é considerada essencial para o financiamento.

101. Uma pessoa realiza contrato de financiamento bancário no qual consta cláusula que obriga o mutuário a celebrar seguro com determinada companhia seguradora.

Nos termos da adequada interpretação do Código de Defesa do Consumidor, a cláusula

a) Banco Central
b) Banco Cooperativo
c) Congresso Nacional
d) Conselho Monetário
e) Mercado financeiro

102. N negocia determinado bem através de contrato de *leasing*. Nos termos dessa espécie contratual, é possível a aquisição do referido bem no final do contrato pelo

a) custo médio calculado pelo credor
b) percentual de prestações previsto
c) preço residual avençado
d) prêmio acordado pelas partes
e) valor total do bem

103. Uma pessoa realiza operação mercantil que redunda na emissão de título de crédito que, além do emitente, possui avalista.

Nos termos do Código Civil, para a validade do aval dado no anverso do título, é suficiente a simples

a) assinatura do avalista
b) emissão pelo avalista
c) comunicação pelo avalista
d) confirmação do avalista
e) referência pelo avalista

104. O titular da propriedade de inúmeros bens desenvolve, também, várias atividades mercantis e tem necessidade de garantir por hipoteca um determinado contrato.

Nos termos do Código Civil, podem ser objeto de hipoteca

a) animais de estimação
b) criações exóticas
c) gado de corte
d) navios
e) obras de arte

105. Um gerente de instituição financeira é responsável por gerir os financiamentos imobiliários realizados durante longo período.

Após realizar treinamento no Banco Central, fica curioso com a atuação das Sociedades de Crédito que, nos termos das normas aplicáveis, integra o

a) Sistema de Apoio Popular
b) Sistema Minha Casa Minha Vida
c) Sistema Financeiro de Habitação
d) Sistema de Poupança Nacional
e) Sistema Garantidor de Crédito

106. Um banco sofreu intervenção do Banco Central e teve os ativos indisponibilizados. Um de seus correntistas, preocupado com os valores dos seus depósitos, constata que o sistema possui o denominado Fundo Garantidor de Crédito (FGC) que protege a maior parte das aplicações financeiras das instituições associadas.

A natureza do FGC é de

a) cooperativa econômica
b) entidade privada sem fins lucrativos
c) organização múltipla
d) pessoa confessional
e) sociedade empresarial

107. O gerente de recursos humanos de uma instituição financeira foi aconselhado pelo Departamento Jurídico a realizar treinamentos para evitar litígios de variada natureza.

Nos termos da Circular Bacen nº 3.978/2020, as instituições devem contemplar, dentre as diretrizes, a promoção de cultura organizacional de

a) adequação à lavagem de dinheiro

b) ambientação à lavagem de dinheiro

c) financiamento à lavagem de dinheiro

d) prevenção de lavagem de dinheiro

e) previsão de lavagem de dinheiro

108. Uma pessoa que atua em pequeno comércio localizado em município de porte médio necessita de capital de giro, tendo em vista que seus clientes são responsáveis por valores pagos a prazo.

Nos termos do contrato de *factoring*, uma de suas características principais consiste na

a) cessão de créditos

b) existência de direito de regresso

c) fiscalização por Associação Comercial

d) inclusão como ato financeiro

e) regulação pelo Banco Central

109. Uma advogada resolveu realizar mestrado em Mercado de Capitais. Em uma das disciplinas cursadas, ela estuda o funcionamento das bolsas de valores.

Segundo a interpretação adequada, as ações negociadas em bolsa são consideradas títulos de renda

a) especial

b) fixa

c) privada

d) tabulada

e) variável

110. Um engenheiro pretende enveredar pela carreira bancária, sendo seu foco bancos de desenvolvimento.

Nos termos das normas aplicáveis ao tema, originadas do Banco Central e do Conselho Monetário Nacional, os Bancos de Desenvolvimento são instituições financeiras

a) internacionais

b) mistas

c) privadas

d) públicas

e) sociais

111. Considerando a prática do Sistema Financeiro Nacional, a ampliação dos meios de pagamento, na forma tanto de papel-moeda em poder do público quanto de depósitos do público nos bancos comerciais (o chamado M1), resulta de operações realizadas

a) exclusivamente pelo Banco Central do Brasil

b) exclusivamente pelo Banco do Brasil

c) exclusivamente pelos bancos comerciais

d) pelo Banco Central do Brasil e pelos bancos comerciais

e) pelo Banco Central do Brasil e pelas corretoras de valores

112. A entidade responsável pela execução da política cambial no Brasil é o(a)

a) Banco do Brasil (BB)

b) Banco Central do Brasil (Bacen)

c) Banco Nacional de Desenvolvimento Econômico e Social (BNDES)

d) Comissão de Valores Mobiliários (CVM)

e) Conselho Monetário Nacional (CMN)

113. O Sistema Especial de Liquidação e Custódia (Selic), gerido pelo Banco Central do Brasil, tem como principal objetivo

a) registrar os débitos e créditos do sistema bancário.

b) registrar as transações com títulos emitidos pelo Tesouro Nacional.

c) realizar a compensação de cheques no âmbito do sistema bancário.

d) regular as taxas de juros dos títulos emitidos pelo setor privado.

e) definir as taxas de longo prazo (TLP) dos empréstimos do BNDES.

114. Na reunião do dia 09/12/2020, o Conselho de Política Monetária (Copom) do Banco Central do Brasil decidiu manter a taxa básica de juros (Selic) em 2% a.a. Considere que, no período subsequente, a autoridade monetária observasse que as taxas de juros médias praticadas no mercado interbancário eram bem inferiores à meta da taxa Selic, definida na reunião retromencionada.

Nesse contexto, para que as taxas de juros médias no mercado interbancário venham a convergir para a taxa Selic de 2% a.a., fixada pelo Copom, o Banco Central do Brasil deverá

a) vender títulos públicos no *overnight*.

b) comprar títulos públicos no *overnight*.

c) comprar títulos de longo prazo do setor privado.

d) emitir maior quantidade de papel moeda.

e) aumentar a liquidez do sistema bancário.

115. De acordo com os dados do Banco Central do Brasil, entre dezembro de 2019 e outubro de 2020, a taxa de câmbio aumentou, em média, de R$4,11/US$ para R$5,63/US$, representando uma depreciação de 37% da moeda brasileira, em termos nominais, e de 35%, em termos reais.

Considerando os fatores que determinam as alterações na taxa de câmbio ao longo do tempo, a depreciação observada no período assinalado refletiu a(o)

a) entrada líquida expressiva de dólares no Brasil.

b) venda de reservas internacionais por parte do Banco Central do Brasil.

c) fuga de capitais, diante da incerteza com respeito aos impactos da crise pandêmica.

d) aumento do diferencial entre as taxas de juros internas e externas.

e) aumento das posições compradas da moeda brasileira nos mercados futuros de câmbio.

116. O Sistema Financeiro Nacional é constituído por um conjunto de instituições financeiras, cada uma delas caracterizada pelas funções mais importantes que assume.

As instituições financeiras que financiam investimentos, com juros subsidiados ou não pelo governo, com o objetivo de fomentar a atividade econômica de uma região ou de um país no longo prazo são os bancos

a) centrais
b) múltiplos
c) comerciais
d) de investimento
e) de desenvolvimento

117. Fundado em 1930, o Banco de Compensações Internacionais (BIS) é a mais antiga instituição financeira do mundo. Dentre suas atribuições, identificam-se a de auxiliar na manutenção da estabilidade monetária e financeira e a de fomentar a cooperação internacional nessas áreas de interesse, coordenando diversos comitês ao redor do globo.

No Brasil, a instituição que representa o BIS em comitês, como Comitê da Basileia de Supervisão Bancária, o Comitê do Sistema Financeiro Global, o Comitê de Pagamentos e Infraestruturas de Mercado e o Comitê de Mercados, é

a) CVM
b) Susep
c) Previc
d) Bacen
e) BNDES

118. Responsável pela formulação da política da moeda e do crédito, o Conselho Monetário Nacional (CMN) é um órgão normativo. Dentre suas atribuições, estão a definição da meta para a inflação, a formulação das diretrizes para o câmbio e o estabelecimento das normas principais para o funcionamento das instituições financeiras.

Além do CMN, outros dois órgãos normativos do sistema financeiro são

a) CNPC e CNSP
b) Susep e Previc
c) Bolsa de Valores e CNPC
d) BC e CVM
e) Instituições de Pagamento e CNSP

119. X, que é amigo de Y, necessitava realizar uma operação de financiamento, com emissão de títulos de crédito. Por força da relação afetiva, Y foi avalista dos títulos dessa operação de financiamento para X. A maior parte das operações financeiras foi quitada pelo devedor. No entanto, duas operações não foram cumpridas regularmente, resultando no pagamento delas pelo avalista.

Considerando-se as normas previstas no atual Código Civil, pagando o título, te`m o avalista Y contra o seu avalizado X ação de

a) caução
b) regresso
c) sub-rogação
d) necessidade
e) financiamento

120. M é correntista do Banco FTW, que está em dificuldades de liquidez e não está honrando diversos pedidos de resgate das aplicações realizadas.

Nesse caso, de acordo com as normas aplicáveis à espécie, proteger depositantes e investidores no âmbito do sistema financeiro, até os limites estabelecidos pela regulamentação própria, é uma das funções do

a) Fundo de Recuperação de Investimentos
b) Fundo Especial de Privatização
c) Fundo Garantidor de Créditos
d) Fundo Privado Interbancário
e) Fundo Público de Refinanciamento

121. Cabe ao Conselho Monetário Nacional

a) formular a política da moeda e do crédito, com o objetivo de manter a estabilidade da moeda e o desenvolvimento econômico e social do país.
b) fiscalizar, normatizar, disciplinar e desenvolver o mercado de valores mobiliários no Brasil.
c) garantir a estabilidade do poder de compra da moeda, zelar por um sistema financeiro sólido, eficiente e competitivo e executar a política monetária com o objetivo de manter a inflação na meta.
d) intermediar e custodiar o dinheiro entre poupadores e aqueles que precisam de empréstimos, além de providenciar serviços financeiros para os clientes, como saques, empréstimos, investimentos, entre outros.
e) atuar nos mercados financeiro, cambial e de capitais, intermediando a negociação de títulos e valores mobiliários entre investidores e tomadores de recursos.

122. Existe um tipo de instituição financeira, formada pela associação de pessoas, cujo objetivo é prestar serviços financeiros exclusivamente aos seus associados, tais como conta-corrente, aplicações financeiras, cartão de crédito, empréstimos e financiamentos. Trata-se de instituição financeira que, embora supervisionada pelo Banco Central do Brasil, não tem acesso à câmara de compensação de cheques, aos créditos oficiais, à reserva bancária e ao mercado interfinanceiro.

A instituição financeira descrita é denominada

a) banco comercial
b) caixa econômica
c) cooperativa de crédito
d) banco comercial cooperativo
e) corretora de títulos e valores mobiliários

123. Considere que um investidor estrangeiro, ao internalizar US$200 milhões no Brasil, tenha feito, no mesmo dia, uma aplicação financeira em Reais (R$) para resgate após 360 dias, à taxa de juros prefixada de 6,5% a.a. Admita, adicionalmente, que, no dia da aplicação, ele tenha convertido os Dólares internalizados em Reais à taxa de câmbio de R$5,40/US$, cotada no mercado à vista.

Considerando-se que a aplicação tenha sido feita a descoberto (sem hedging cambial), caso no dia do resgate a taxa de câmbio no mercado à vista tenha sido de R$5,30/US$, o ganho nominal total (principal mais juros) do investidor, em Dólares, terá sido de

a) 213 milhões
b) 217,019 milhões
c) 1,080 bilhão
d) 1,150 bilhão
e) 6,096 bilhões

124. No Brasil, a habilitação de exportadores e importadores no Siscomex é competência exclusiva do(a)

a) Banco Central do Brasil
b) Banco do Brasil
c) Ministério das Comunicações
d) Secretaria de Comércio Exterior
e) Secretaria Especial da Receita Federal do Brasil

125. Considere que a taxa de câmbio real de equilíbrio do Real em relação ao Dólar (R$/US$) tenha sido estimada em R$3,70/US$, em dezembro de 2019 (média do mês). Admita, adicionalmente, que as taxas acumuladas de inflação no Brasil e nos Estados Unidos tenham sido de, respectivamente, 15,90% e 5,66%, entre 1º de janeiro de 2020 e 31 de dezembro de 2021.

Para que fosse mantida a paridade relativa real do poder de compra, a taxa de câmbio de equilíbrio, em dezembro de 2021, deveria ter sido, em média, de

a) R$3,70/US$
b) R$4,08/US$
c) R$4,29/US$
d) R$5,40/US$
e) R$13,94/US$

126. Um comerciante procurou um banco, apresentando uma duplicata de cobrança, visando a obter um adiantamento de seu fluxo de caixa. O valor de título apresentado era de R$50.000,00, a ser recebido em 30 dias. A taxa de desconto cobrada pelo banco era de 2% ao mês, e o Imposto sobre Operações Financeiras (IOF) era de 0,0030% diário.

O valor recebido de imediato do banco, pelo comerciante, foi, em reais, de

a) 48.550,00
b) 48.910,00
c) 48.955,00
d) 49.105,00
e) 49.205,00

127. As Letras de Crédito do Agronegócio (LCAs) se tornaram uma alternativa importante na aplicação e na captação de recursos financeiros no país.

Elas apresentam inúmeras vantagens, tanto para o investidor quanto para as instituições emissoras, tal como a

a) proteção do Fundo Garantidor de Crédito (FGC) até o limite de R$ 500 mil.
b) garantia dupla para o investidor: do banco emissor e do contrato que representa a dívida do produtor rural.
c) emissão de letras com prazo mínimo de vencimento de apenas 1 mês.
d) redução de 50% do recolhimento do depósito compulsório.
e) vantagem fiscal para o investidor, pela redução de 50% do imposto de renda devido.

128. A operação de *leasing* financeiro se aproxima de um empréstimo para a compra de um bem. Esse bem serve como garantia para o empréstimo, e a amortização do empréstimo é feita através de vários pagamentos futuros, em geral periódicos.

Em um contrato de *leasing*,

a) a empresa arrendatária, que vai usar o bem em questão, é obrigada a comprá-lo no final do período de *leasing*, pelo valor residual estipulado no contrato.
b) a manutenção do bem em questão não é de responsabilidade do arrendatário.
c) o IOF (Imposto Sobre Operações Financeiras) deve ser pago.
d) o ISS (Imposto Sobre Serviços) não precisa ser pago.
e) os pagamentos futuros (aluguéis) podem ser lançados contabilmente como despesa operacional, pela empresa arrendatária.

129. O Fundo Garantidor de Crédito (FGC), criado em 1995, tem como objetivo fundamental

a) garantir os bancos comerciais pelos seus empréstimos às empresas e às pessoas físicas brasileiras.
b) aprovar ou não os empréstimos feitos pelos bancos comerciais brasileiros.
c) aplicar os recursos provenientes dos recolhimentos compulsórios dos bancos comerciais, ao Banco Central, na garantia total dos créditos concedidos por esses bancos.
d) garantir, até um certo valor limite, os depositantes e os investidores das instituições financeiras associadas ao FGC.
e) garantir os credores das pessoas jurídicas brasileiras, financeiras ou não, no caso de inadimplência destas pessoas jurídicas.

130. Nos termos da Circular BACEN nº 3.978/2020, que dispõe sobre a política, os procedimentos e os controles internos a serem adotados pelas instituições autorizadas a funcionar pelo Banco Central do Brasil, visando à prevenção da utilização do sistema financeiro para a prática dos crimes de "lavagem" ou ocultação de bens, direitos e valores, de que trata a Lei nº

9.613, de 3 de março de 1998, e de financiamento do terrorismo, previsto na Lei nº 13.260, de 16 de março de 2016, devem as instituições dispor de estrutura para assegurar o seu cumprimento mediante organização de

a) controladoria

b) auditoria

c) governança

d) correição

e) conselho

131. Em virtude das peculiaridades das atividades agropecuárias, a maior parte dos países disponibiliza um adequado sistema de financiamento aos produtores, abarcando linhas de crédito ao investimento, à produção e à comercialização dos produtos do setor. O Banco do Brasil, particularmente, oferece diversas linhas de crédito adequadas às necessidades dos produtores rurais.

Associe as linhas de financiamento disponibilizadas pelo Banco do Brasil aos seus objetivos e características principais, apresentados a seguir.

I. Custeio agropecuário.

II. Pronamp Investimento.

III. Financiamento de Garantia de Preços ao Produtor (FGPP).

IV. BB Agronegócio Giro.

P - Crédito destinado à aquisição de produtos agropecuários diretamente de produtores rurais, suas associações ou cooperativas de produção agropecuária.

Q - Crédito para financiamento de inovações tecnológicas nas propriedades rurais.

R - Crédito destinado à cobertura das despesas do dia a dia da produção das atividades agrícolas e pecuárias.

S - Crédito rotativo destinado à compra de insumos e matérias-primas relacionadas à produção agropecuária.

T - Crédito para financiamento das despesas de investimento, destinado ao médio produtor rural.

As associações corretas são:

a) I – P; II – T; III – R; IV – S.

b) I – R; II – T; III – S; IV – P.

c) I – S; II – T; III – P; IV – R.

d) I – R; II – T; III – P; IV – S.

e) I – R; II – Q; III – P; IV – S.

132. No Brasil, a fixação das diretrizes e normas concernentes às políticas monetária, creditícia e cambial é da competência do:

a) Ministério do Planejamento, Orçamento e Gestão.

b) Ministério da Fazenda.

c) Conselho Monetário Nacional.

d) Banco Central do Brasil.

e) Banco do Brasil.

133. A reação dos mercados de câmbio ontem deu uma boa sinalização de qual pode ser o caminho caso Washington intensifique o tom em relação às relações comerciais dos Estados Unidos com o restante do mundo. As moedas emergentes recuaram a mínimas em dez dias, segundo dados do Deutsche Bank, sob peso da queda de divisas correlacionadas às matérias-primas – como o rand sulafricano e o real brasileiro (...). No Brasil, o dólar fechou em alta de 0,90%, para R$3,290, no maior nível desde o último 9 de fevereiro. Na máxima, a cotação beirou os R$3,30 ao tocar R$3,2966.

CASTRO, J. Dólar deve subir no curto prazo, dizem analistas. Valor Econômico, 15 mar. 2018, p.C2. Adaptado.

Em países que adotam o regime de câmbio flutuante, as mudanças diárias observadas nas taxas de câmbio estão relacionadas a diversos fatores.

Considerando-se, no entanto, exclusivamente, a matéria jornalística, o principal fator que explica a desvalorização do real brasileiro no movimento diário do mercado de câmbio descrito no texto foi a(o):

a) aumento da oferta de divisas no mercado de câmbio.

b) forte intervenção do Banco Central do Brasil no mercado de câmbio.

c) situação política corrente no Brasil.

d) piora das condições macroeconômicas no Brasil.

e) incerteza futura e maior percepção de risco por parte dos investidores.

134. Para um investidor interessado em aplicar seus recursos financeiros no mercado de ações, sua rentabilidade será positivamente afetada pela tendência de valorização das ações na bolsa de valores. O Ibovespa, índice que acompanha a variação média das cotações das ações negociadas na BM&FBovespa, é um dos mais importantes indicadores do comportamento do mercado acionário brasileiro, sendo utilizado como indicador do comportamento médio do mercado.

Considerando-se que o Ibovespa venha mostrando tendência média de alta nos últimos meses, o evento que, supondo tudo o mais constante, poderia representar uma reversão abrupta dessa tendência e desencadear resultados negativos no índice nos movimentos seguintes é a(o):

a) aumento da lucratividade média das companhias brasileiras de capital aberto.

b) aumento das taxas de juros nos Estados Unidos, para níveis superiores aos esperados pelo mercado.

c) continuidade do processo de recuperação econômica brasileira.

d) redução das taxas de desemprego no Brasil.

e) redução das taxas de juros reais no Brasil.

135. Admita que um fundo de pensão norte-americano, em determinado momento t0, pretenda investir o equivalente a US$100 milhões em títulos públicos brasileiros, expressos em reais e aplicados por um ano à taxa fixa de 6,5% a.a. Admita, adicionalmente, que a taxa de câmbio no mercado à vista no momento t0 seja cotada a R$ 3,25/US$, e a taxa de câmbio no mercado a termo para 360 dias seja cotada a R$ 3,20/US$. Considerando-se que os títulos sejam resgatados na data de vencimento (após um ano) e que a taxa de câmbio no mercado à vista coincida, na data de resgate, com a negociada no mercado a termo, a rentabilidade do investidor, em dólares (cupom cambial) será, aproximadamente, de:

a) 8,5% a.a.

b) 8,2% a.a.

c) 1,7% a.a.

d) 4,9% a.a.

e) 6,5% a.a.

136. Uma investidora está querendo saber a relação entre a *blockchain* e o *bitcoin*.

Em sua pesquisa, ela esclareceu sua dúvida, ao descobrir que:

a) *blockchain* é o meio utilizado para registrar e armazenar transações de *bitcoin*.

b) *blockchain* é a tecnologia de inteligência artificial aplicada na *bitcoin*.

c) *bitcoin* é uma moeda digital e *blockchain* é uma moeda em blocos.

d) *bitcoin* é tecnologia usada para implementar a *blockchain*.

e) *bitcoin* e *blockchain* são duas formas de implementar criptomoedas.

137. No Brasil, o órgão responsável pela fiscalização do Sistema Financeiro Nacional é o:

a) Conselho Monetário Nacional.

b) Ministério da Economia.

c) Banco Central do Brasil.

d) Banco do Brasil.

e) Banco Nacional de Desenvolvimento Econômico e Social (BNDES).

A crise econômica causada pela pandemia do novo coronavírus provocou a maior fuga de capitais da história do Brasil. Dados divulgados nesta quarta-feira (24/6) pelo Banco Central (BC) explicam que os investidores estrangeiros retiraram US$ 31,7 bilhões do mercado brasileiro de títulos e ações só em março, abril e maio deste ano. Por isso, as retiradas somam R$ 50,9 bilhões nos últimos 12 meses; o maior índice da série histórica do BC.

BARBOSA, M. US$ 50,9 bilhões saíram do mercado financeiro brasileiro em 12 meses. **Correio Braziliense**, 24/6/2020.

138. Considerando-se os efeitos sanitários, econômicos e sociais decorrentes da pandemia da Covid-19 na economia global, o principal fator que justifica tamanha fuga de capitais do Brasil no ano passado é o(a):

a) aumento desenfreado da dívida externa brasileira.

b) aumento das taxas de juros no mercado internacional.

c) necessidade de recursos, no estrangeiro, para financiar as pesquisas científicas de vacinas contra o coronavírus.

d) manipulação das taxas de câmbio nos mercados globais.

e) maior percepção de risco, por parte dos estrangeiros, em investir em ativos denominados em moeda brasileira.

A crise econômica causada pela pandemia do novo coronavírus provocou a maior fuga de capitais da história do Brasil. Dados divulgados nesta quarta-feira (24/6) pelo Banco Central (BC) explicam que os investidores estrangeiros retiraram US$ 31,7 bilhões do mercado brasileiro de títulos e ações só em março, abril e maio deste ano. Por isso, as retiradas somam R$ 50,9 bilhões nos últimos 12 meses; o maior índice da série histórica do BC.

BARBOSA, M. US$ 50,9 bilhões saíram do mercado financeiro brasileiro em 12 meses. **Correio Braziliense**, 24/6/2020.

139. O principal impacto decorrente da enorme fuga de capitais do Brasil em 2020, descrita na reportagem mencionada anteriormente, foi o(a):

a) expressiva desvalorização do real brasileiro.

b) queda das taxas de juros internas.

c) aumento do preço das ações na Bovespa.

d) valorização dos ativos brasileiros.

e) aumento da dívida interna do Tesouro.

140. Com evidências do enorme descolamento entre as taxas de juros de curto e de longo prazo no Brasil, o texto a seguir reproduz matéria jornalística, publicada no início de agosto de 2020, dando conta da enorme incerteza futura associada aos impactos adversos decorrentes da crise pandêmica da Covid-19 sobre a economia brasileira.

Os juros futuros encerraram os negócios desta segunda-feira em alta firme, afetados por um movimento de maior incorporação de prêmio de risco ao longo da curva a termo, especialmente nos trechos mais longos (com vencimento no longo prazo). No fim da sessão regular, a taxa do contrato de Depósito Interfinanceiro (DI) para janeiro de 2021 passava de 1,87% no ajuste anterior para 1,88%; a do DI para janeiro de 2022 ia de 2,65% para 2,67%; a do contrato para janeiro de 2023 subia de 3,76% para 3,79%; a do DI para janeiro de 2025 escalava de 5,40% para 5,47%; e a do contrato para janeiro de 2027 saltava de 6,35% para 6,43%.

REZENDE, V. Risco fiscal leva a alta das taxas de juros futuros e curva tem maior inclinação desde fim de junho. **Valor Econômico**, 10/08/2020. Disponível em: https://valorinveste.globo.com/produtos/renda-fixa/noticia/2020/08/10/risco-fiscal-leva-a-alta-das-taxas-de-juros-futuro-e-curva-tem-maior-inclinacao-desde-fim-de-junho.ghtml. Acesso em: 7 fev. 2021. Adaptado.

Para minorar os impactos da crise, a Emenda Constitucional nº 106, de 7 de maio de 2020, conhecida como o "Orçamento de Guerra", instituiu uma diversidade de medidas nos âmbitos fiscal, financeiro e de contratações para enfrentamento da calamidade pública nacional, decorrente da pandemia da Covid-19. Dentre as medidas aprovadas, o Banco Central do Brasil ficou autorizado, temporariamente, a operar com instrumentos de política monetária considerados não convencionais.

A medida de política monetária não convencional, por parte do Banco Central do Brasil, que poderia ter estimulado a redução das taxas de juros de longo prazo no ano passado é a:

a) redução da taxa de juros básica de curto prazo (Selic).

b) venda de títulos públicos e privados no mercado secundário.

c) compra de títulos públicos e privados no mercado secundário.

d) redução do percentual dos depósitos compulsórios.

e) venda de títulos mediante operações compromissadas.

141. Entre as escolhas mais populares de investimentos, a caderneta de poupança é uma das opções mais utilizadas pelos brasileiros, sendo considerada um investimento de renda fixa. São também investimentos de renda fixa:

a) as Ações.

b) as Opções.

c) as Commodities.

d) os CDB.

e) os ETF de Ações.

142. O Banco do Brasil (BB) oferece diversas linhas de crédito destinadas a custear os dispêndios realizados pelos produtores rurais. A modalidade de crédito rural, oferecida pelo BB, destinada ao beneficiamento, custeio e industrialização da produção é denominada:

a) Funcafé Custeio.

b) Custeio Agropecuário.

c) Pronamp Custeio.

d) Pronaf Agroindústria.

e) Crédito Rural Pronaf Custeio.

143. O anúncio seguinte constava no *site* do Banco do Brasil no dia 8 de fevereiro de 2021:

Financiamento de veículos

Financie o seu veículo, novo ou usado, com as melhores opções e taxas reduzidas até 28 de fevereiro. Durante a promoção, é possível financiar* carros novos e seminovos (até 2 anos de fabricação) com condições diferenciadas. Você pode fazer tudo sem precisar comparecer a uma agência. Basta acessar o App BB para simular as condições, escolher a opção que se encaixa no seu orçamento e finalizar a contratação com o envio dos documentos.

*Crédito sujeito à aprovação cadastral e demais condições do produto.

Banco do Brasil. Disponível em: <https://www.bb.com.br/pbb/ pagina-inicial/ voce/produtos-e-servicos/fi nanciamentos/fi nanciar--veiculos#/>. Acesso em: 8 fev. 2021.

A nota descrita em asterisco (*) destaca que, além da análise cadastral, a aprovação do crédito está sujeita às "demais condições do produto". Uma dessas condições diz respeito à garantia do financiamento que, no caso supramencionado, será o próprio veículo a ser comprado pelo devedor.

Trata-se de uma forma de garantia denominada:

a) alienação fiduciária.

b) aval.

c) penhor mercantil.

d) fiança.

e) hipoteca.

144. A revista inglesa *The Economist* publica periodicamente o famoso Índice do *Big Mac*, que consiste em avaliar os preços, em dólares, do conhecido sanduíche em diferentes países na economia global. Os resultados são frequentemente replicados pela imprensa internacional, incluindo a brasileira. A metodologia de apuração é simples: com base nas taxas de câmbio nominais das moedas nacionais em relação ao dólar, cotadas num mesmo dia, converte-se o preço do *Big Mac* avaliado nessas moedas para o seu respectivo valor em dólares. Considerando-se que, na edição de 12 de janeiro de 2021, os cálculos da *The Economist* mostravam que o preço, em dólares, do *Big Mac* no Brasil estava cerca de 30% mais barato do que o sanduíche similar vendido e cotado, também em dólares, nos Estados Unidos, o resultado indicava que o real brasileiro estava:

a) valorizado em relação ao dólar.

b) sobrevalorizado em relação ao dólar.

c) subvalorizado em relação ao dólar.

d) com alinhamento nominal em relação ao dólar.

e) na paridade real do poder de compra em relação ao dólar.

145. H é correntista da instituição financeira XYZ e mantém com essa instituição relação estável, com movimentação de recursos monetários correspondente a cem salários mínimos por ano. A partir de 2019, sua movimentação anual passou a ser de mil e duzentos salários mínimos, com aportes mensais de cem salários mínimos.

A partir das regras apresentadas na Carta-Circular nº 4.001/2020 do Banco Central do Brasil, nesse caso as operações devem ser monitoradas como situações relacionadas com operações em espécie, em moeda nacional, com a utilização de contas de:

a) aplicações.

b) depósitos.

c) fundos.

d) garantia.

e) preferência.

146. B é gerente de determinada instituição financeira e recebe, como tarefa laboral, a responsabilidade de convencer os clientes a investirem na aquisição de ações de sociedade empresária que busca abrir seu capital em bolsa de valores. Após vários contatos, B consegue bater a sua meta pessoal, no sentido de ter conquistado um número significativo de novos clientes, decorrentes do desempenho da aludida tarefa, bem como auxiliar seus colegas de setor para que alcancem o mesmo objetivo.

A esse respeito, e de acordo com o Código de Ética do Banco do Brasil, o oferecimento de serviços e produtos deve ocorrer com:

a) individualidade.

b) comedimento.

c) parcialidade.

d) limitação.

e) diligência.

147. Uma administradora de empresas é responsável por organizar os formulários utilizados pela instituição financeira onde atua. Ao criar novo formulário para seguir comandos legais, depara-se com novos conceitos de dados pessoais que devem ser aplicados.

Sendo assim, ela precisa saber que, nos termos da Lei nº 13.709/2018, dados pessoais sensíveis estão relacionados a:

a) opção desportiva.

b) convicção religiosa.

c) escolha de lazer.

d) método de trabalho.

e) hábito alimentar.

148. Um gerente de determinado banco participa de vários projetos de investimentos em tecnologias de ponta. Antes da divulgação dos editais para escolha dos projetos mais adequados, ele procura um parente e lhe apresenta todos os detalhes necessários para que esse parente possa apresentar uma candidatura ao financiamento.

Nos termos do Código de Conduta da Caixa Econômica Federal, caso esses fatos fossem vinculados a servidor da instituição, estaria caracterizado(a):

a) ato de solidariedade.

b) empreendedorismo indevido.

c) conflito de interesses.

d) atividade paralela.

e) quebra de decoro.

149. P foi diretor de sociedade empresária que foi acusada de praticar atos de corrupção, com geração de prejuízos superiores a cem milhões de reais. Após longo período de negociação, P e a sociedade resolvem compor os prejuízos causados.

Nos termos da Lei nº 12.846/2013, caso preenchidos os requisitos exigidos, poderá ser realizado(a):

a) compromisso de honestidade.

b) acordo de leniência.

c) negócio jurídico.

d) transação legal.

e) promessa de restauração.

150. A principal característica do crédito direto ao consumidor (CDC) é que esse instrumento de financiamento dispensa:

a) avalista.

b) análise cadastral do cliente.

c) limite de prazo de pagamento.

d) limite de crédito.

e) identificação do cliente.

151. O texto seguinte diz respeito à generalização das políticas monetárias consideradas não convencionais por parte dos bancos centrais do mundo inteiro.

Os bancos centrais globais agora percebem que políticas monetárias antes consideradas não convencionais e temporárias agora se revelam convencionais e duradouras. Obrigados a encontrar novas soluções devido à crise financeira de 2008 e novamente neste ano por causa da pandemia de coronavírus, o Federal Reserve (Fed, na sigla em inglês), o Banco Central Europeu e a maioria dos bancos centrais internacionais se tornaram mais agressivos e inovadores do que nunca na defesa das economias contra a recessão e ameaça de deflação.

KENNEDY, S; DODGE, S. Política monetária não convencional agora é ferramenta duradoura. **Exame**, São Paulo, 15 set. 2020. Adaptado. Disponível em: https://exame.com/. Acesso em: 29 ago. 2021.

Um exemplo de política monetária não convencional é a:

a) redução da taxa básica de juros.

b) compra de títulos públicos e privados por parte dos bancos centrais.

c) redução das taxas de redesconto.

d) expansão da base monetária.

e) venda de títulos com o compromisso de recompra pela autoridade monetária.

152. Embora as taxas de câmbio R$/US$, cotadas diariamente nos mercados de câmbio à vista, sejam expressas em valores nominais, ao longo do tempo essas taxas podem se desviar de seus valores reais. Contribui para a apreciação real da moeda brasileira, em relação ao dólar norte-americano, a(o):

a) redução da produtividade média no Brasil, comparativamente à dos Estados Unidos.

b) queda dos preços das *commodities* exportadas pelo Brasil.

c) taxa de inflação no Brasil maior do que a taxa de inflação norte-americana.

d) compra de reservas internacionais pelo Banco Central do Brasil.

e) maior grau de incerteza no Brasil.

153. A principal marca distintiva do Pix, em relação aos mecanismos de pagamento com cartões de débito automático, é que esse é um sistema de pagamento instantâneo criado pelo(s):

a) Banco do Brasil.

b) Banco do Nordeste.

c) Banco Central do Brasil.

d) bancos comerciais.

e) bancos de investimento.

154. Desde 1999, o Brasil adota um regime de câmbio flutuante (ou flexível).

Considerando-se a prática brasileira desde então, nesse regime cambial, a:

a) taxa de câmbio é fixada pelo Banco Central do Brasil.

b) taxa de câmbio é determinada pela oferta e demanda de moeda estrangeira.

c) taxa de câmbio não sofre interferência do Banco Central do Brasil.

d) taxa de câmbio não influencia a rentabilidade dos exportadores.

e) fixação da taxa básica de juros (Selic) torna-se dependente da política cambial.

155. Nos contratos de financiamento de automóveis, a garantia de pagamento da dívida é o próprio bem, isto é, o automóvel adquirido pelo devedor.

Nesse caso, trata-se de:

a) aval.

b) fiança.

c) hipoteca.

d) alienação fiduciária.

e) penhor mercantil.

156. Um trabalhador é regido pelas regras da CLT e tem conta vinculada ao FGTS. Curioso por saber as hipóteses de levantamento do FGTS, formula consulta ao órgão competente.

Nos termos da Lei nº 8.036/1990, a conta vinculada do trabalhador no FGTS poderá ser movimentada no caso de:

a) aquisição de imóvel comercial.

b) aposentadoria concedida pela Previdência Social.

c) desligamento por justa causa.

d) compra de automóvel.

e) aluguel de entidade familiar.

Gabaritos

1	C.	79	E.
2	E.	80	A.
3	A.	81	C.
4	B.	82	A.
5	C.	83	B.
6	C.	84	C.
7	A.	85	E.
8	B.	86	A.
9	E.	87	B.
10	D.	88	D.
11	B.	89	D.
12	A.	90	C.
13	C.	91	C.
14	D.	92	E.
15	E.	93	E.
16	E.	94	A.
17	D.	95	B.
18	C.	96	C.
19	B.	97	E.
20	A.	98	B.
21	D.	99	A.
22	D.	100	B.
23	C.	101	A.
24	A.	102	C.
25	E.	103	A.
26	C.	104	D.
27	A.	105	C.
28	A	106	B.
29	C.	107	D.
30	B.	108	A.
31	C.	109	E.
32	D.	110	D.

33	E.	111	D.
34	E.	112	B.
35	A.	113	B.
36	D.	114	A.
37	A.	115	C.
38	D.	116	E.
39	B.	117	D.
40	D.	118	A.
41	C.	119	B.
42	E.	120	C.
43	B.	121	A.
44	C.	122	C.
45	D.	123	B.
46	A.	124	E.
47	E.	125	B.
48	D.	126	C.
49	C.	127	B.
50	B.	128	E.
51	A.	129	D.
52	B.	130	C.
53	C.	131	D.
54	E.	132	C.
55	D.	133	E.
56	B.	134	B.
57	E.	135	B.
58	C.	136	A.
59	A.	137	C.
60	D.	138	E.
61	E.	139	A.
62	A.	140	C.
63	C.	141	D.
64	B.	142	D.
65	A.	143	A.
66	E.	144	C.
67	E.	145	B.

68	D.	146	E.
69	C.	147	B.
70	B.	148	C.
71	E.	149	B.
72	D.	150	A.
73	C.	151	B.
74	D.	152	C.
75	A.	153	C.
76	D.	154	B.
77	B.	155	D.
78	A.	156	B.

NOÇÕES DE PROBABILIDADE E ESTATÍSTICA

5 ESTATÍSTICA E PROBABILIDADE

01. Para montar uma fração, deve-se escolher, aleatoriamente, o numerador no conjunto N = { 1,3,7,10 } e o denominador no conjunto D = { 2,5,6,35 }. Qual a probabilidade de que essa fração represente um número menor do que 1(um)?

a) 50%

b) 56,25%

c) 25%

d) 75%

e) 87,5%

02. A probabilidade de sucesso em uma prova de campo é a nona parte da probabilidade de fracasso. Provas sucessivas e independentes são realizadas até que o sucesso ocorra pela primeira vez. Nessas circunstâncias, o número esperado de fracassos que deverão ocorrer até que se verifique o primeiro sucesso é igual a

a) 2

b) 3

c) 6

d) 9

e) 10

03. Dados sobre Precipitação Pluviométrica em cinco regiões do estado do Rio de Janeiro foram coletados para os meses de verão (janeiro a março) entre 1968 e 2017. Os resultados permitiram os cálculos das estatísticas e a elaboração do Box Plot apresentados abaixo.

Estatísticas

	Regiao1	Regiao2	Regiao3	Regiao4	Regiao5
Média	149	159	170	165	177
Mediana	148	159	172	167	178
Desvio Padrão	6,5	10,2	5,7	5,9	7,0
Mínimo	138	142	157	148	161
Máximo	195	175	178	180	190
Quartil 1	142	158	170	159	170
Quartil 3	152	162	174	170	180

Precipitação Pluviométrica Média no Verão (mm) 1968-2017

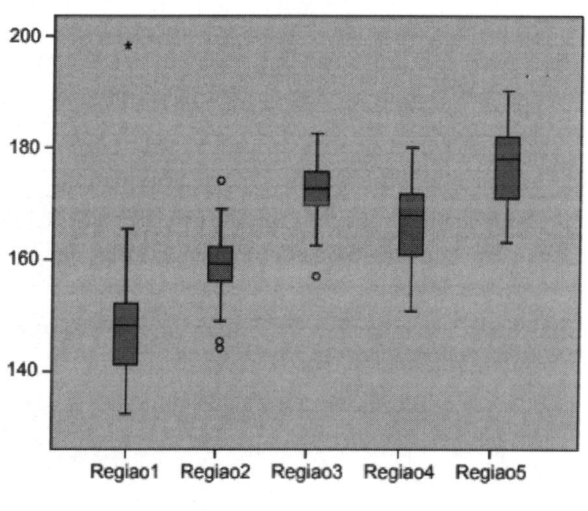

De acordo com os resultados acima, observe as afirmações a seguir.

I. A média das precipitações pluviométricas é uma medida representativa da quantidade de chuva média mensal no verão em cada região, devido à baixa variabilidade das medidas.

II. A variação das médias das precipitações **dentro** de cada região é inferior à variação das médias das precipitações **entre** as regiões.

III. Em pelo menos um ano, a precipitação média no verão ficou abaixo do índice de 1,5 desvio quartílico da distribuição em duas regiões.

Está correto **APENAS** o que se afirma em

a) I

b) II

c) III

d) I e II

e) I e III

04. Foi realizado um experimento com uma perfuradora hidráulica com o objetivo de conhecer sua capacidade de perfuração em estruturas rochosas. Para isso foi observada a profundidade, em polegadas, de perfuração em 10 locais, cujos dados estão apresentados na Tabela a seguir.

Locais	Profundidade em polegadas
1	10,4
2	10,7
3	9,4
4	10,9
5	10,8
6	11,0
7	10,5
8	10,6
9	10,9
10	9,8

A média e a mediana são, respectivamente:

a) 10,0 e 10,6

b) 10,5 e 10,65

c) 10,5 e 10,6

d) 10,6 e 10,6

e) 10,6 e 10,65

05. A Figura a seguir mostra um jogo eletrônico no qual, a cada jogada, a seta, após ser girada, para, aleatoriamente e com igual probabilidade, em qualquer uma das oito casas com as letras da palavra LIQUIGÁS.

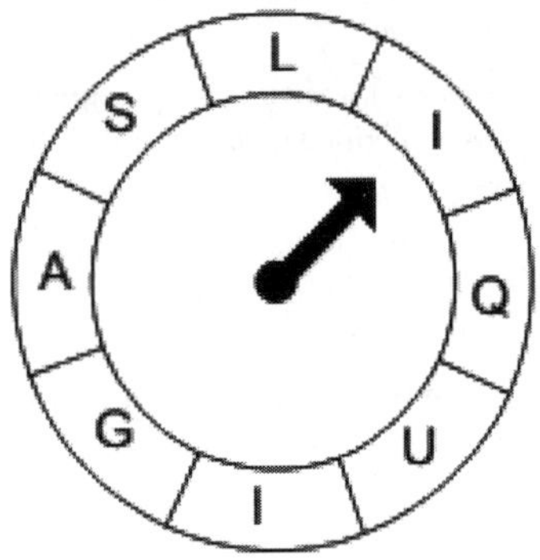

Um jogador só é vencedor se, em duas jogadas consecutivas, a seta apontar para letras iguais.

A probabilidade de um jogador ser vencedor, fazendo apenas duas jogadas, é igual a

a) 4/64
b) 8/64
c) 10/64
d) 14/64
e) 16/64

06. O tempo, em anos, decorrido entre dois abalos sísmicos em uma região é uma variável aleatória, com distribuição exponencial. Na região, abalos costumam ocorrer a uma taxa média de 0,042 por mês, ou seja, um abalo a cada 2 anos, em média.

A probabilidade de um abalo demorar mais de quatro anos para ocorrer na região, imediatamente após a ocorrência do subsequente, é igual a

a) exp (-2)
b) . exp(- ½)
c) 1 - 2 . exp(-2)
d) 1 - exp(- ½)
e) 1 - (½) . exp(- ½)

07. Em uma fábrica existem três máquinas (M1, M2 e M3) que produzem chips. As máquinas são responsáveis pela produção de 20%, 30% e 50% dos chips, respectivamente. Os percentuais de chips defeituosos produzidos pelas máquinas M1, M2 e M3 são 5%, 4% e 2%, respectivamente. Ao se retirar aleatoriamente um chip, constata-se que ele é defeituoso; então, a probabilidade de ele ter sido produzido pela máquina M1 é de, aproximadamente:

a) 0,025
b) 0,032
c) 0,31
d) 0,55
e) 0,78

08. Um equipamento é aprovado para uso quatro vezes mais frequentemente do que reprovado, quando testado todas as manhãs. Cada manhã o teste é realizado de modo independente.

A probabilidade de que, em dois dias seguidos, o equipamento seja reprovado, pelo menos uma vez, é igual a

a) 1/5
b) 4/5
c) 1/25
d) 9/25
e) 6/25

09. A concentração de chumbo em um resíduo sólido foi determinada em dois laboratórios, cada um usando um método diferente. As análises foram feitas com quatro réplicas autênticas (n = 4), e os resultados (expressos em termos de intervalo de confiança) são indicados abaixo:

• Laboratório A: 160 ± 52 μg kg-1

• Laboratório B: 470 ± 15 μg kg-1

Analisando os resultados, conclui-se que

a) eles são estatisticamente iguais.
b) as precisões são similares.
c) houve erro grosseiro e/ou interferência que afetou pelo menos um laboratório.
d) não existiu erro aleatório em nenhum dos resultados.
e) o coeficiente de variação do laboratório B foi maior.

10. Considere 2 urnas: na primeira urna há 1 bola branca e 1 bola preta; na segunda urna, há 1 bola branca e 2 pretas. Uma bola é selecionada aleatoriamente da urna 1 e colocada na urna 2. Em seguida, uma bola é selecionada, também aleatoriamente, da urna 2.

Qual a probabilidade de que a bola selecionada na urna 2 seja branca?

a) 12,5%
b) 25%
c) 37,5%
d) 50%
e) 62,5%

11. Um banco lança um determinado fundo e avalia a rentabilidade segundo dois cenários econômicos.

• O primeiro cenário é o de aumento da taxa de juros e, nesse caso, a rentabilidade do fundo é certamente positiva.

• No segundo cenário, de queda ou de manutenção da taxa de juros, a probabilidade de a rentabilidade do fundo ser positiva é de 0,4.

Considere ainda que a probabilidade de a taxa de juros subir seja de 70%.

A probabilidade de que a rentabilidade do fundo seja positiva, é de

a) 70%
b) 74%

c) 78%

d) 82%

e) 100%

12. Considere n números inteiros, ímpares, positivos e diferentes, representados por a1 , a2 , ..., an , tais que a soma

$$\sum_{i=1}^{n} a_i = a_1 + a_2 + ... + a_n = 10.000.$$

Qual é o maior valor possível para n?

a) 99

b) 100

c) 1000

d) 4999

e) 5000

13. Semanalmente, o gerente de um restaurante, que funciona todos os dias, escolhe, por sorteio, dois dias da semana nos quais oferece aos clientes descontos especiais. A probabilidade de que, no sorteio de determinada semana, apenas um dos dias sorteados pertença ao final de semana (sábado ou domingo) é de

a) 2/7

b) 5/21

c) 10/21

d) 2/49

e) 10/49

14. Em uma instituição financeira 55% dos clientes não possuem seguro, 20% possuem 1 seguro, e o restante, 2 seguros. A média e a mediana do número de seguros que cada cliente possui são, respectivamente:

a) 7/30 e 1/2

b) 1 e 1

c) 7/10 e 0

d) 0 e 0

e) 1/ 3 e 1/ 2

15. Dois eventos independentes A e B são tais que P(A) = 2p, P(B) = 3p e P(AUB) = 4p com p>0.

A probabilidade de que os eventos A e B ocorram concomitantemente é dada por

a) 0

b) 1/6

c) 1/4

d) 1/3

e) 1/2

16. O Gráfico abaixo representa o *box-plot* construído a partir dos três quartis da distribuição de uma variável de interesse.

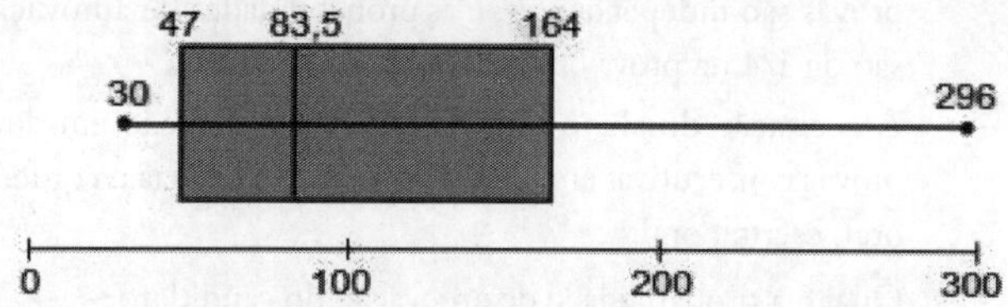

A análise dos dados oferecidos pelo Gráfico permite a seguinte conclusão acerca de sua distribuição:

a) A distribuição é assimétrica negativa

b) 25% dos dados se situam entre 164 e 296.

c) A amplitude interquartílica dos dados é 266.

d) A mediana é superior à média.

e) A mediana dos dados é 164.

17. Estabelece-se um modelo AR(1) aos seguintes dados: $y_1 = 2{,}0$, $y_2 = -1{,}7$, $y_3 = 1{,}5$, $y_4 = -2{,}0$ e $y_5 = 1{,}5$, com os valores iniciais $\varepsilon_1 = 0$, $\mu = 0$ e $\rho_1 = 0$.

O valor inteiro mais próximo de $S = \sum_{t=1}^{5} \varepsilon_t^2$ para os dados apresentados é

a) 2

b) 12

c) 15

d) 21

e) 27

18. Uma variável aleatória X de interesse assume apenas os valores 1, 2 e k.

Sabendo-se que P(X = 1) = 1/3 , P (X = 2) = 1/4 e que a média da variável aleatória é 5, o valor de k é dado por

a) 10

b) 12

c) 15

d) 25/6

e) 5/6

19. Na produção fabril de um componente eletrônico, a probabilidade de um deles sair com defeito é um valor constante para qualquer componente fabricado e vale 0,2. Dessa forma, a função de distribuição de probabilidade é discreta e do tipo binomial.

Num lote de 5 componentes fabricados, qual é a probabilidade de 3 saírem defeituosos?

a) 0,409

b) 0,327

c) 0,204

d) 0,051

e) 0,006

20. Um candidato a um programa de pós-graduação precisa passar por dois tipos de prova: oral e escrita. Os resultados das provas são independentes, e as probabilidades de aprovação são de 1/4 na prova oral, e 3/4, na prova escrita.

A aceitação do aluno está vinculada à aprovação em duas provas consecutivas em uma série de três aplicadas na ordem: oral, escrita, oral.

Qual é a probabilidade de aprovação do candidato?

a) 3/64
b) 9/64
c) 15/64
d) 18/64
e) 21/64

21. Um analista observou que a média das remunerações recebidas pelos 100 empregados que responderam a uma determinada pesquisa estava muito baixa: R$ 2.380,00. Após investigar, verificou que 15% das respostas estavam com valor nulo e todas elas eram referentes às respostas dos empregados que se recusaram a responder a esse quesito, embora recebessem remuneração.

Inicialmente, o analista registrou variância dos salários, em reais^2, igual a 2.835.600,00.

Retirando as observações nulas, a média dos quadrados dos salários dos respondentes é, em reais^2, aproximadamente,

a) 10.000.000,00
b) 8.500.000,00
c) 6.300.000,00
d) 4.400.000,00
e) 2.800.000,00

22. A cerca de uma casa foi construída utilizando-se peças de madeira de três tamanhos distintos: I (tamanho pequeno), II (tamanho médio) e III (tamanho grande).

A cerca foi totalmente montada de acordo com o padrão apresentado no modelo a seguir.

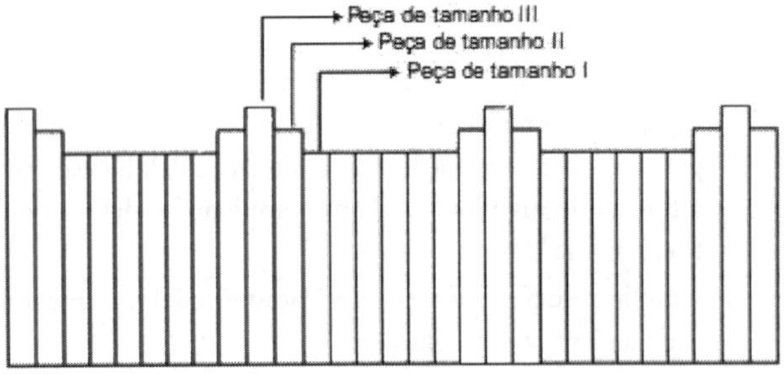

Considerando-se que a primeira peça da cerca seja do tamanho III, e a última, do tamanho II, essa cerca pode ser formada por, exatamente,

a) 163 peças
b) 145 peças
c) 131 peças
d) 111 peças
e) 92 peças

23. João retirou de um baralho as 7 cartas de copas numeradas de 2 a 8 e as colocou dentro de um saco plástico opaco. Em seguida, pediu a seu amigo Augusto que retirasse de dentro desse saco, sem olhar, duas cartas.

Qual é a probabilidade de que a soma dos números escritos nas cartas retiradas por Augusto seja maior do que 10?

a) 3/7
b) 4/7
c) 13/21
d) 12/49
e) 24/49

24. Considere a matriz A2x2 = $\begin{bmatrix} 1 & -2 \\ 2 & 0 \end{bmatrix}$. Um dos quatro termos da matriz foi escolhido aleatoriamente.

A probabilidade do termo escolhido ser par é

a) 25%
b) 30%
c) 33%
d) 50%
e) 75%

25. Em uma cidade, há 9 empresas de locação de veículos. Um guia rodoviário traria o número de veículos ofertados pelas 9 empresas da cidade, mas, como a oitava e a nona empresas não conseguiram enviar o número de veículos de suas frotas, em tempo para a publicação, foram disponibilizados os números de veículos das 7 empresas presentes na Tabela abaixo.

Empresa	Frota
E1	20
E2	17
E3	39
E4	80
E5	88
E6	40
E7	100

Se a oitava e a nona empresas tivessem fornecido os números de veículos que compõem as suas frotas, a mediana dos 9 valores seria M. Por outro lado, a mediana dos sete valores presentes na Tabela é m.

O maior valor que pode assumir a diferença M - m é

a) 60
b) 43
c) 40
d) 20
e) 0

26. O elevador de um condomínio passará por três serviços de manutenção no semestre que vem. Apenas duas empresas prestam tais serviços: a empresa A e a empresa B. Na ocasião da realização de cada um dos serviços, o condomínio escolherá qual das duas empresas irá realizá-lo. Sabe-se que a probabilidade de a empresa A ser escolhida para realizar um serviço é quatro vezes maior do que a probabilidade de a empresa B ser escolhida para realizar o mesmo serviço. A probabilidade de todos os três serviços de manutenção, previstos para o semestre que vem, serem realizados por uma mesma empresa é

a) 25%

b) 50%

c) 52%

d) 66%

e) 75%

27. Em uma caixa há n fichas, todas pretas, e, em um saco opaco há 144 fichas, todas vermelhas. Todas as fichas têm o mesmo formato e são indistinguíveis pelo tato. Metade das fichas pretas é retirada da caixa e colocada no saco. Desse modo, se uma ficha for retirada do saco, a probabilidade de que ela seja vermelha é 8/ 9 . Qual é o valor de n?

a) 36

b) 44

c) 72

d) 126

e) 180

28. A Tabela a seguir apresenta a frequência absoluta das faixas salariais mensais dos 20 funcionários de uma pequena empresa.

Faixa salarial (R$)	Frequência Absoluta
Menor que 1.000,00	6
Maior ou igual a 1.000,00 e menor que 2.000,00	7
Maior ou igual a 2.000,00 e menor que 3.000,00	5
Maior ou igual a 3.000,00	2
Total	20

A frequência relativa de funcionários que ganham mensalmente menos de R$ 2.000,00 é de

a) 0,07

b) 0,13

c) 0,35

d) 0,65

e) 0,70

29. Durante cinco dias, um supermercado distribuiu cupons aos seus clientes, que deveriam preenchê-los e depositá-los em uma urna para participar do sorteio de um automóvel. A Tabela a seguir apresenta o número de cupons depositados na urna, em cada dia da semana, durante a promoção.

Dia da semana	Quantidade de cupons
Segunda	534
Terça	566
Quarta	495
Quinta	511
Sexta	644

Se todos os cupons têm a mesma chance de serem sorteados, a probabilidade de que o cupom sorteado tenha sido depositado na urna antes de quarta-feira é de

a) 18%

b) 40%

c) 42%

d) 58%

e) 60%

30. As variáveis Y e X são relacionadas deterministicamente segundo a expressão matemática Y = 0.6 X. Uma pessoa escolhe vinte valores diferentes para X e calcula os Y correspondentes pela expressão Y = 0.6X.

O coeficiente de correlação entre os valores de X e os correspondentes valores de Y é igual a;

a) 0.3

b) 0.5

c) 0.6

d) 0.5

e) 1.0

31. O gerente de vendas de certa empresa tem 32 funcionários em sua equipe, dos quais 12 são mulheres. Se esse gerente escolher aleatoriamente um dos integrantes da sua equipe, qual a probabilidade de que a pessoa escolhida seja do sexo masculino?

a) 11/6.

b) 5/8.

c) 3/8.

d) 3/4.

e) 1/4.

32. Consideremos o exemplo de uma turma de 15 alunos cujas alturas, em centímetros, são: 185, 180, 174, 171, 171, 170, 168, 166, 165, 163, 162, 160, 160, 159, 158.

FERREIRA, C. e SIMÕES, N. **Tratamento estatístico e gráfico em geografia.** Lisboa: Gradiva, 1987, p. 45.

A mediana da altura desses alunos, em centímetros, é de

a) 158

b) 160

c) 165

d) 166

e) 171

33. De uma população de interesse, extrai-se uma amostra aleatória de três elementos, cuja média é 8, a mediana é 7 e a amplitude total é 7. O desvio padrão amostral é dado por

a) $\sqrt{\dfrac{22}{3}}$

b) $\sqrt{\dfrac{26}{3}}$

c) $2\sqrt{2}$

d) $\sqrt{11}$

e) $\sqrt{13}$

34. Uma revista acadêmica publicou um artigo no qual estava inserida a Tabela a seguir.

Classes de rendimento mensal (em salários mínimos)	Frequência relativa (%)
Total	**100**
Até 1	30
Mais de 1 a 2	30
Mais de 2 a 3	10
Mais de 3 a 5	10
Mais de 5 a 10	8
Mais de 10 a 20	2
Sem rendimentos	10

A melhor estimativa para a média do rendimento mensal, em salários mínimos, é

a) 2,05

b) 2,15

c) 2,35

d) 2,45

e) 2,65

35. O gerente de vendas de certa empresa tem 32 funcionários em sua equipe, dos quais 12 são mulheres. Se esse gerente escolher aleatoriamente um dos integrantes da sua equipe, qual a probabilidade de que a pessoa escolhida seja do sexo masculino?

a) 11/16

b) 5/8

c) 3/8

d) 3/4

e) 1/4

36. As variáveis aleatórias X1 , X2 , X3 , ... são independentes e identicamente distribuídas, com distribuição uniforme no intervalo (0, 1), e

$$Y_n = \sqrt{\frac{\sqrt{X_1} + \sqrt{X_2} + \ldots + \sqrt{X_n}}{n}} \text{ , para n = 1, 2, 3,...}$$

A Lei Forte dos Grandes Números nos permite afirmar que o limite quase certo da sequência {Yn , n = 1} é

a) ∞

b) $\dfrac{\sqrt{2}}{2}$

c) $\sqrt{\dfrac{2}{3}}$

d) $\dfrac{1}{\sqrt[4]{2}}$

e) $\sqrt[4]{\dfrac{2}{3}}$

37. Para se estimar a média de uma população com desvio padrão 15, foi retirada uma amostra de tamanho n, obtendo-se o seguinte intervalo de confiança:

$P(7{,}06 \le \mu \le 12{,}94) = 0{,}95$

Sendo os valores críticos tabelados z0,05 =1,65 e z0,025 =1,96, o tamanho da amostra n e o erro padrão da estimativa $EP(X_n)$ são dados por

a) n = 100 e $EP(X_{100}) = 1{,}5$

b) n = 100 e $EP(X_{100}) = 2{,}94$

c) n = 81 e $EP(X_{81}) = 1{,}5$

d) n = 71 e $EP(X_{71}) = 2{,}94$

e) n = 71 e $EP(X_{71}) = 1{,}5$

38. De uma população de interesse, extrai-se uma amostra aleatória de três elementos, cuja média é 8, a mediana é 7 e a amplitude total é 7. O desvio padrão amostral é dado por

a) √22/3

b) √26/3

c) 2 √ 2

d) √11

e) √13

39. A Tabela a seguir apresenta valores aproximados referentes ao número de pessoas vitimadas por uma determinada enfermidade, nos anos de 2011 e 2012, nas cinco grandes regiões.

	Sul	Sudeste	Centro-Oeste	Norte	Nordeste
2011	20.000	10.000	30.000	40.000	30.000
2012	32.000	20.000	50.000	40.000	40.000

De acordo com a Tabela, em qual dessas regiões houve um maior aumento percentual no número de doentes, de 2011 para 2012?

a) Sul

b) Sudeste

c) Centro-oeste

d) Norte

e) Nordeste

40. Em um departamento de uma empresa, o gerente decide dar um aumento a todos os empregados, dobrando o salário de todos eles.

Em relação às estatísticas dos novos salários, considere as afirmativas abaixo.

I. A média dobra.

II. A variância dobra.

III. A moda dobra.

É correto o que se afirma em

a) I, apenas

b) II, apenas

c) I e III, apenas

d) II e III, apenas

e) I, II e III

41. Considere o seguinte conjunto:

{15; 17; 21; 25; 25; 29; 33; 35}

A média, a mediana e a moda desse conjunto de dados são, respectivamente,

a) 1, 2 e 3

b) 5, 7 e 9

c) 7, 9 e 5

d) 25, 25 e 25

e) 25, 27 e 29

42. João e Maria estão enfrentando dificuldades em algumas disciplinas do 1o ano do Ensino Médio. A probabilidade de João ser reprovado é de 20%, e a de Maria é de 40%. Considerando-se que João e Maria são independentes, qual é a probabilidade de que um ou outro seja reprovado?

a) 0

b) 0,2

c) 0,4

d) 0,52

e) 0,6

43. Em uma faculdade, uma amostra de 120 alunos foi coletada, tendo-se verificado a idade e o sexo desses alunos. Na amostra, apurou-se que 45 estão na faixa de 16 a 20 anos, 60, na faixa de 21 a 25 anos, e 15 na faixa de 26 a 30 anos. Os resultados obtidos encontram-se na Tabela abaixo.

Idade (em anos)	Número de alunos			
	Sexo feminino		Sexo masculino	
	n	%	n	%
16 – 20	?	P	10	20
21 – 25	Q	40	?	R
26 – 30	S	?	?	16
Total	70	100	50	100

Quais são, respectivamente, os valores indicados pelas letras P, Q, R e S?

a) 40 ; 28 ; 64 e 0

b) 50 ; 28 ; 64 e 7

c) 50 ; 40 ; 53,3 e 7

d) 77,8 ; 28 ; 53,3 e 7

e) 77,8 ; 40 ; 64 e 0

44. As novas tecnologias e o empenho dos organismos públicos, associados aos interesses e boas práticas da iniciativa privada, ampliaram a rede de esgotos.

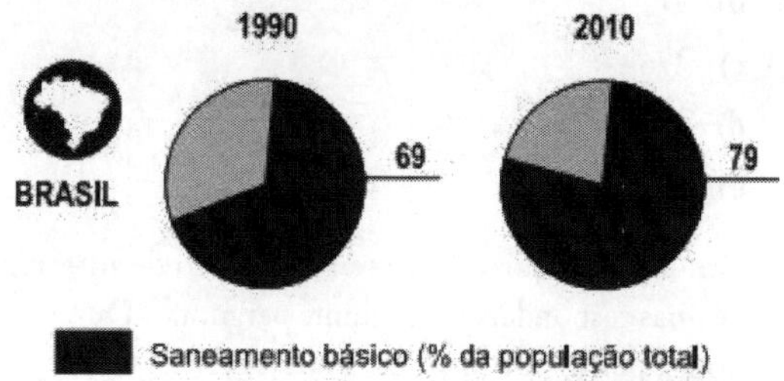

Fontes: Unep e Unicef

Revista Veja. São Paulo: Abril. 13 jun. 2012. p. 97. Adaptado.

Considere que, em 1990, a população brasileira era de 145 milhões de habitantes e, em 2010, de 190 milhões. Com base nos percentuais apresentados na reportagem, o número de habitantes, no Brasil, que contam com saneamento básico aumentou, de 1990 para 2010, em, aproximadamente,

a) 65 milhões

b) 50 milhões

c) 45 milhões

d) 25 milhões

e) 10 milhões

45. Um departamento de uma empresa possui um total 30 engenheiros, sendo 8 engenheiros mecânicos, 10 engenheiros civis e 12 engenheiros de produção.

Se um engenheiro é selecionado aleatoriamente para responder a uma entrevista, a probabilidade de que o engenheiro escolhido seja de engenharia civil ou de produção é

a) 1/3

b) 2/5

c) 11/15

d) 22

e) 120

46. Considere a função $f(x) = ax^3/8 + 1/4$, $-2 \leq x \leq 2$.

Para quais valores de a essa função é uma densidade de probabilidade?

a) $a \in \mathbb{R}$

b) $-2 \leq a \leq 2$

c) $a > 2$

d) $a \leq 0$

e) $-0,25 \leq a \leq 0,25$

47. Em uma urna, há seis bolas com formas idênticas, numeradas de 1 até 6. Durante um sorteio, Jorge terá de retirar, ao acaso, duas bolas da urna, de uma só vez, e será premiado se os números presentes nas mesmas somarem 7 ou 8. Se quaisquer duas bolas têm a mesma probabilidade de serem sorteadas, qual é a probabilidade de Jorge ser premiado?

a) 1/3

b) 1/5

c) 1/6

d) 2/15

e) 2/75

48. Em uma pesquisa sobre tempo de uso de internet, 1.000 pessoas responderam à seguinte pergunta: "Durante quantas horas, por dia, você utiliza a internet?"

O resultado da pesquisa é mostrado no gráfico a seguir.

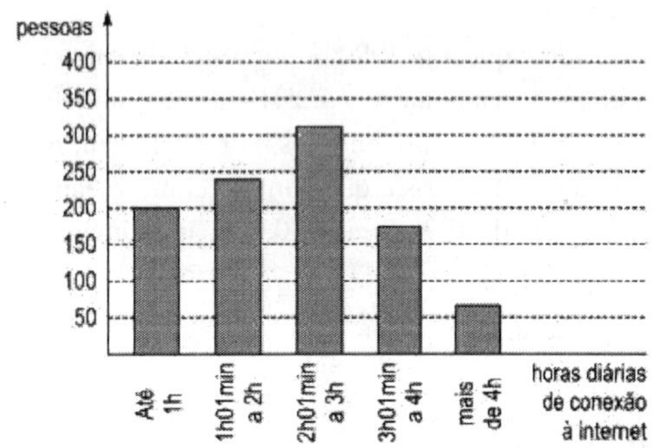

Escolhendo-se ao acaso uma das pessoas entrevistadas, a probabilidade de que ela utilize a internet durante mais de 3 horas por dia será de, aproximadamente,

a) 6%

b) 18%

c) 24%

d) 42%

e) 60%

49. Em uma pesquisa sobre tempo de uso de internet, 1.000 pessoas responderam à seguinte pergunta: "Durante quantas horas, por dia, você utiliza a internet?"

O resultado da pesquisa é mostrado no gráfico a seguir.

Escolhendo-se ao acaso uma das pessoas entrevistadas, a probabilidade de que ela utilize a internet durante mais de 3 horas por dia será de, aproximadamente,

a) 6%

b) 18%

c) 24%

d) 42%

e) 60%

50. Ao analisar dados coletados de uma certa medida de interesse, variando de 0 a 2, o pesquisador observou que o histograma tinha a forma de uma parábola restrita a [0,2] e assim modelou probabilisticamente a variável, segundo uma função de densidade de probabilidade dada por

$$f(x) = \begin{cases} cx^2, \text{ se } 0 \leq x \leq 2 \\ 0, \text{ caso contrário} \end{cases}$$

O valor de c e a mediana da distribuição são, respectivamente,

a) $\frac{8}{3}$ e $\frac{3}{2}$

b) $\frac{1}{8}$ e $\sqrt[3]{4}$

c) $\frac{1}{8}$ e $\frac{3}{2}$

d) $\frac{3}{8}$ e $\frac{3}{2}$

e) $\frac{3}{8}$ e $\sqrt[3]{4}$

51. A vida útil (em 1.000 horas) de um componente eletrônico é uma variável aleatória, normalmente distribuída com média 5 h e variância $9\ h^2$. Uma amostra aleatória de 16 componentes é retirada da produção e a média da amostra é registrada. Definindo $\Phi(z) = P(Z \leq z)$, onde Z é uma variável aleatória normal padrão, a expressão que denota a probabilidade de que a média da amostra seja superior a 5,5 h é dada por

a) $1 - \Phi\ (1/6)$

b) $1 - \Phi\ (2/3)$

c) $\Phi\ (2/3) - \Phi\ (1/6)$

d) $1 - \Phi\ (11/32)$

e) $1 - \Phi\ (11/2)$

52. Uma urna contém 10 bolas numeradas de 1 a 10. Selecionadas três bolas dessa urna, de forma aleatória e sem reposição, qual a probabilidade de que pelo menos uma bola de número primo seja selecionada?

a) 2/5

b) 5/6

c) 7/8

d) 11/12

e) 8/135

53. Em um laboratório, foram efetuadas medições do comprimento de uma mesma peça, e os resultados estão no quadro a seguir.

838 cm	835 cm	834 cm

A média aritmética M desses resultados é obtida efetuando-se a operação (838 + 835 + 834)/3.

O valor de M, em cm, expresso com o número correto de algarismos significativos é

a) 835,67

b) 835,6

c) 835,7

d) 836

e) 84 x 10^1

Turma 1	3,5	3,5	7,0	9,5	3,5	9,5	10,0	3,5	9,7
Turma 2	9,0	9,5	9,8	9,2	9,8	10,0	10,0	8,9	8,8
Turma 3	0,0	1,5	4,5	0,5	5,5	5,0	0,0	5,0	0,0
Turma 4	4,5	7,5	8,9	9,4	3,5	7,8	6,4	0,0	10,0
Turma 5	3,5	6,0	7,0	7,0	7,0	0,0	0,0	2,8	8,0

54. A tabela mostra as notas finais dos alunos de cinco turmas do 3° ano do Ensino Médio de uma escola, na disciplina Matemática.

A turma cujas notas apresentam o menor desvio padrão é aquela de número

a) 1

b) 2

c) 3

d) 4

e) 5

55. Duas distribuidoras de gás, P e Q, são as responsáveis pela distribuição de botijões de gás de uma cidade. Dos 2.500 botijões distribuídos diariamente por P, 2% apresentam defeito e, dos 4.500 botijões distribuídos diariamente por Q, 5% apresentam defeito. Se João é um morador dessa cidade e recebeu, nessa manhã, um botijão de gás defeituoso, qual é a probabilidade de João tê-lo recebido da distribuidora Q?

a) 9 /11

b) 9 /14

c) 5 /7

d) 2 /5

e) 1 /20

56. Uma pesquisa sobre mercado de trabalho foi realizada com 600 pessoas. Desse total, 402 eram trabalhadores formais, 126, trabalhadores informais, e os demais estavam desempregados. Escolhendo-se, ao acaso, um dos participantes dessa pesquisa, a probabilidade de que ele esteja desempregado é de:

a) 24%

b) 21%

c) 18%

d) 16%

e) 12%

57. O número de telefones fixos no Brasil continua em crescimento. De acordo com dados que a Anatel divulgará nos próximos dias,de 2010 para 2011,esse total passou de 42,1 milhões para 43 milhões de linhas. Supondo que o aumento observado de 2010 para 2011 seja linear e que assim se mantenha nos próximos anos, quantos milhões de telefones fixos haverá, no Brasil, em 2013?

a) 43,9

b) 44,1

c) 44,8

d) 45,2

e) 46,0

58. Uma pesquisa sobre mercado de trabalho foi realizada com 600 pessoas. Desse total, 402 eram trabalhadores formais,126, trabalhadores informais, e os demais estavam desempregados. Escolhendo-se, ao acaso, um dos participantes dessa pesquisa, a probabilidade de que ele esteja desempregado é de:

a) 24%

b) 21%

c) 18%

d) 16%

e) 12%

59. O desenho esquemático (Box-Plot) abaixo representa a distribuição do tempo em anos de contribuição à previdência de aposentados de uma empresa até uma certa data.

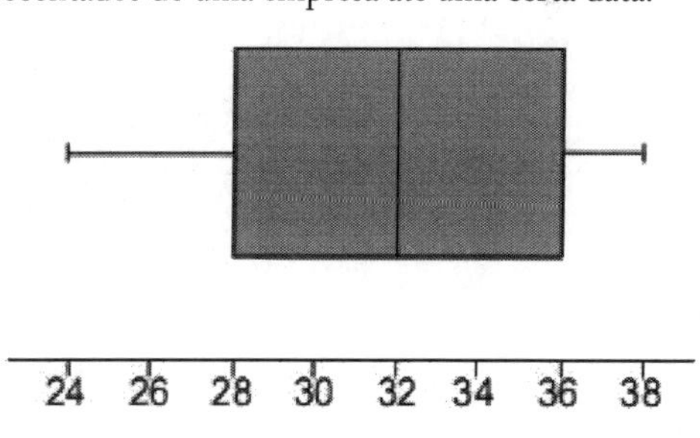

Se forem selecionados dois aposentados aleatoriamente, a probabilidade de que pelo menos um deles se tenha aposentado entre 28 e 32 anos é

a) 1/2

b) 1/4

c) 1/16

d) 7/16

e) 9/16

60. Em uma cidade, os motoristas são parados aleatoriamente pela polícia para fazer um teste sobre o teor de álcool no organismo. A probabilidade de que um motorista esteja, de fato, com teor alcóolico acima do permitido é 5%. O teste realizado sempre acerta quando o motorista está com teor alcóolico dentro das especificações, mas tem 10% de probabilidade de resultar em um falso-negativo quando o motorista está com teor alcóolico acima do permitido.

Dado que o teste de um motorista resultou negativo, a probabilidade de que ele estivesse com um teor alcóolico acima do permitido é

a) 1/200

b) 1/191

c) 1/19

d) 1/10

e) 191/200

61. Em um pote há 20 jujubas, sendo cinco amarelas, cinco verdes, cinco vermelhas e cinco laranjas. Um menino coloca uma das mãos dentro do pote e, sem olhar, pega duas jujubas. A probabilidade de que ele pegue duas jujubas da mesma cor é

a) $\frac{4}{19}$

b) $\frac{3}{20}$

c) $\frac{1}{4}$

d) $\frac{1}{5}$

e) $\frac{1}{19}$

62. Um dado comum (6 faces), não viciado, teve três de suas faces pintadas de verde, duas pintadas de amarelo e uma, de azul. Lançando-se esse dado duas vezes, qual a probabilidade de que a face voltada para cima seja azul em pelo menos um dos lançamentos?

a) $\frac{1}{3}$

b) $\frac{1}{6}$

c) $\frac{5}{18}$

d) $\frac{11}{36}$

e) $\frac{7}{36}$

63. João reuniu-se com alguns amigos para jogar bingo. Assim que as cartelas do jogo foram distribuídas, João afirmou: "O primeiro número sorteado será um múltiplo de 4". Nesse jogo, só podem ser sorteados números de 1 a 90 (inclusive), e qualquer um deles tem a mesma chance de ser sorteado. Qual é a probabilidade de que a afirmativa de João esteja correta?

a) 11/45

b) 4/15

c) 1/3

d) 2/5

e) 1/2

64. Uma fábrica produz uma bomba hidráulica, que é vendida à razão de 200 unidades diárias. O desvio padrão é de 50 unidades, segundo uma distribuição normal, e sua demanda anual é estimada em 50.000 unidades. Quando o estoque de bombas atinge um determinado valor (Ponto de Ressuprimento), um pedido de fabricação é enviado ao Departamento de Engenharia, que prepara e entrega a quantidade solicitada (calculada pelo lote econômico de fabricação) em 4 dias.

Sabendo-se que o custo de preparação para a produção é de R$ 1.000,00, o custo de manutenção de estoque é de R$ 100,00 por unidade/ano e que a falta de estoque está restrita a 5% (valor de $z_{normal} \cong 2$), qual o ponto de ressuprimento, em unidades, que atende a esse nível de serviço?

a) 1.100

b) 1.000

c) 800

d) 250

e) 200

65. Ao participarem de uma pesquisa sobre desenvolvimento sustentável, 200 empresários responderam à seguinte pergunta: "Na sua empresa, qual é a principal barreira para ação na área de sustentabilidade?". Todos os empresários responderam escolhendo uma única barreira como principal, e as escolhas estão apresentadas no gráfico abaixo.

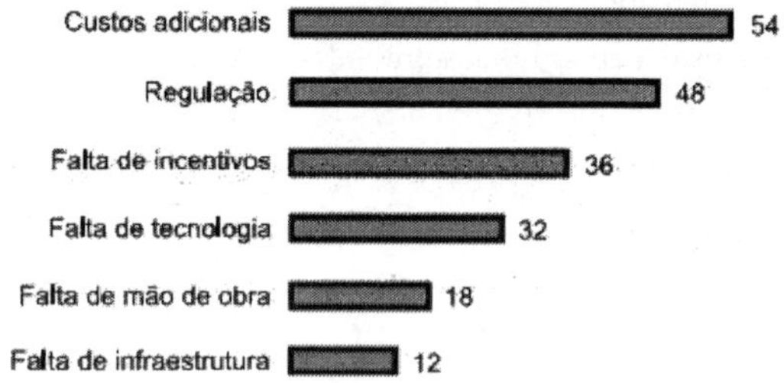

Escolhendo-se, ao acaso, um dos empresários que participaram dessa pesquisa, a probabilidade de que ele tenha apontado como principal barreira "falta de mão de obra" ou "falta de infraestrutura" é de

a) 9%

b) 15%

c) 18%

d) 24%

e) 30%

66. Em duas urnas inicialmente vazias, são postas dez bolas, cinco em cada uma delas. Na primeira urna, são postas três bolas vermelhas e duas amarelas. Na segunda urna, são postas três amarelas e duas vermelhas. Uma bola é retirada, aleatoriamente, da primeira urna e posta na segunda. Em seguida, uma bola é retirada ao acaso da segunda urna. Qual é a probabilidade de a bola retirada da segunda urna ser amarela?

a) 1/2

b) 2/3

c) 3/5

d) 7/15

e) 17/30

67. Um dado, com as suas seis faces numeradas de 1 a 6, foi construído de tal forma que todas as faces ímpares têm a mesma probabilidade de ocorrência, todas as faces pares têm a mesma probabilidade de ocorrência, e uma face par tem o dobro da probabilidade de ocorrência de uma face ímpar. Lançando-se esse dado duas vezes, qual é a probabilidade de ocorrer a face 6 nos dois lançamentos?

a) 4/9

b) 1/36

c) 1/81

d) 2/81

e) 4/81

68. A análise de regressão de lances livres convertidos de 29 times da NBA, durante a temporada de 2010-2011, revelou uma reta de regressão ajustada Y = 55,20 + 0,73X com R^2 = 0,87 e S (desvio padrão da amostra) = 53,20. O total de lances livres convertidos depende exclusivamente dos lances livres arremessados. O intervalo de variação observado de lances arremessados foi de 1.502 (*New York Knicks*) a 2.382 lances (*Golden State Warriors*).

Qual é, aproximadamente, o número esperado de lances livres convertidos para um time que faz dois mil arremessos de lance livre?

a) 29

b) 56

c) 76

d) 108

e) 1515

69. No lançamento de um dado viciado, com seis faces numeradas de 1 até 6, sabe-se que a probabilidade do resultado obtido ser um número par é igual a 1/3 . Isso significa que, se o dado for lançado por 9.n vezes, onde n ∈ IN , então a(o)

a) probabilidade de se obter resultado 3 é igual a 2/9 .

b) razão entre o número de resultados pares e o número de resultados ímpares se aproximará de 1/2 , se n crescer indefinidamente.

c) razão entre o número de resultados "4" e o número dos demais resultados se aproximará de 1/9, se n crescer indefinidamente.

d) número 2 será o resultado de n lançamentos .

e) número 5 será o resultado de 6.n lançamentos.

70. Um dado comum (6 faces), não viciado, teve três de suas faces pintadas de verde, duas pintadas de amarelo e uma, de azul. Lançando-se esse dado duas vezes, qual a probabilidade de que a face voltada para cima seja azul em pelo menos um dos lançamentos?

a) 1/3

b) 1/6

c) 5/18

d) 11/36

e) 7/36

71. Dentro de um estojo, há somente 6 canetas, cada uma com uma cor diferente (rosa, roxo, verde, azul, vermelha e preta). Retirando-se, ao acaso, duas canetas de dentro desse estojo, qual é a probabilidade de que nenhuma delas seja verde?

a) 1/3

b) 2/3

c) 17/36

d) 25/36

e) 5/6

72. Um estatístico de uma empresa calculou o desvio padrão de um grande número de dados e obteve o valor $\sqrt{2}$. Os dados eram relativos aos rendimentos brutos anuais de cada um dos 5.000 funcionários de sua empresa. Infelizmente, quando elaborava o relatório que apresentaria os resultados dos seus cálculos, o estatístico foi avisado pelo seu gerente de que os resultados a serem apresentados deveriam referir-se aos rendimentos brutos semestrais dos funcionários, em vez de aos rendimentos anuais.

Assumindo-se que o rendimento bruto semestral de cada funcionário é igual à metade do seu rendimento bruto anual, qual será a variância do novo conjunto de dados?

a) 1/2

b) $\sqrt{2}/2$

c) $\sqrt{2}$

d) 1

e) 2

73. Dentro de um estojo, há somente 6 canetas, cada uma com uma cor diferente (rosa, roxo, verde, azul, vermelha e preta). Retirando-se, ao acaso, duas canetas de dentro desse estojo, qual é a probabilidade de que nenhuma delas seja verde?

a) 1/3

b) 2/3

c) 17/36

d) 25/36

e) 5/6

74. No lançamento de um dado viciado, com seis faces numeradas de 1 até 6, sabe-se que a probabilidade do resultado obtido ser um número par é igual a 1/3 Isso significa que, se o dado for lançado por 9.n vezes, onde n ∈ IN , então a(o)

a) probabilidade de se obter resultado 3 é igual a 2/9

b) razão entre o número de resultados pares e o número de resultados ímpares se aproximará de 1/2 , se n crescer indefinidamente.

c) razão entre o número de resultados "4" e o número dos demais resultados se aproximará de 1/9 , se n crescer indefinidamente.

d) número 2 será o resultado de n lançamentos .

e) número 5 será o resultado de 6.n lançamentos.

75. Uma prova de matemática foi aplicada em uma turma com 35 alunos. A prova era formada por 10 questões de múltipla escolha. O gráfico mostra o número de alunos por quantidade de acertos na prova.

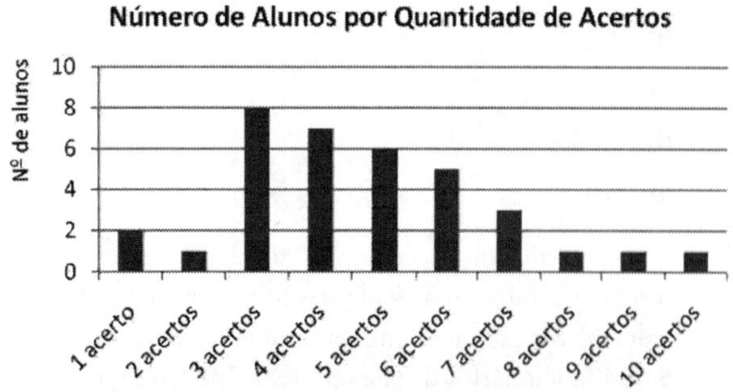

Se Mo, Me e Ma indicam a moda, a mediana e a média aritmética do número de acertos dos alunos da turma, respectivamente, então tem-se

a) Mo < Me < Ma

b) Mo < Ma < Me

c) Me < Ma < Mo

d) Mo = Ma < Me

e) Me < Mo < Ma

76. Um dado não viciado, com a forma de um cubo e com as faces numeradas de 1 até 6, foi lançado por 3 vezes. Sabendo-se que a soma dos resultados obtidos foi igual a 5, qual é a probabilidade de o resultado do segundo lançamento do dado ter sido igual a 2?

a) 1/18

b) 1/6

c) 1/5

d) 1/3

e) 1/2

77. Uma moeda não tendenciosa é lançada até que sejam obtidos dois resultados consecutivos iguais. Qual a probabilidade de a moeda ser lançada exatamente três vezes?

a) 1/8

b) 1/4

c) 1/3

d) 1/2

e) 3/4

78. Um dado não viciado, com a forma de um cubo e com as faces numeradas de 1 até 6, foi lançado por 3 vezes. Sabendo-se que a soma dos resultados obtidos foi igual a 5, qual é a probabilidade de o resultado do segundo lançamento do dado ter sido igual a 2?

a) 1/18

b) 1/6

c) 1/5

d) 1/3

e) 1/2

79. Um dado tem a forma de um tetraedro com as faces numeradas 1, 2, 3 e 4. Ao lançá-lo sobre uma mesa, o ponto obtido é o número registrado na face em contato com a mesa. Esse dado foi construído de tal forma que a probabilidade do ponto é proporcional ao próprio ponto. Se o dado for lançado quatro vezes, qual a probabilidade de que todos os quatro números ocorram?

a) 3/125

b) 36/625

c) 1/256

d) 3/32

e) 1/64

80. Uma pessoa lança repetidamente um dado equilibrado, parando quando obtém a face com o número 6.

A probabilidade de que o dado seja lançado exatamente 3 vezes é

a) 1/216

b) 1/36

c) 25/216

d) 1/6

e) 25/36

81. A Tabela a seguir mostra a distribuição de pontos obtidos por um cliente em um programa de fidelidade oferecido por uma empresa.

Pontos	0	2	3	4	6	8	9
Frequência	1	2	4	1	1	5	1

A mediana da pontuação desse cliente é o valor mínimo para que ele pertença à classe de clientes "especiais".

Qual a redução máxima que o valor da maior pontuação desse cliente pode sofrer sem que ele perca a classificação de cliente "especial", se todas as demais pontuações forem mantidas?

a) cinco unidades.

b) quatro unidades.

c) uma unidade.

d) duas unidades.

e) três unidades.

82. Os jogadores X e Y lançam um dado honesto, com seis faces numeradas de 1 a 6, e observa-se a face superior do dado. O jogador X lança o dado 50 vezes, e o jogador Y, 51 vezes. A probabilidade de que o jogador Y obtenha mais faces com números ímpares do que o jogador X, é:

a) 1.

b) 3/4.

c) 1/4.

d) 1/2.

e) 1/6.

83. Um pesquisador utilizou-se de um modelo de regressão linear simples para estudar a relação entre a variável dependente Y, expressa em reais, e a variável independente X, expressa em dias.

Posteriormente, ele decidiu fazer uma transformação na variável dependente Y da seguinte forma:

$$\frac{Y_i \text{ - média (Y)}}{\text{desvio padrão } (Y)}, \text{i} = 1, 2, ..., \text{n}$$

Após a referida transformação, o coeficiente angular ficou:

a) aumentado da média e multiplicado pelo desvio padrão.

b) diminuído da média e dividido pelo desvio padrão.

c) inalterado.

d) diminuído da média.

e) dividido pelo desvio padrão.

84. Uma instituição financeira pretende lançar no mercado um aplicativo para celular. Para isso, deseja relacionar o grau de conhecimento dos clientes com as variáveis: nível de escolaridade e idade.

Uma amostra aleatória de 46 clientes foi selecionada e, posteriormente, aplicou-se o modelo de regressão linear, sendo a variável dependente o grau de conhecimento, em uma escala crescente, e as variáveis independentes (i) o nível de escolaridade, em anos de estudo com aprovação, e (ii) a idade, em anos completos.

Os resultados obtidos para os coeficientes foram:

	Coeficientes	Erro padrão	Estatística t	valor-P
Interseção	50,7	4,1	12,4	8,5E - 16
Nível de escolaridade (anos de estudo com aprovação)	4,0	0,3	12,4	9,1E - 16
Idade (anos completos)	-0,6	0,1	-8,4	1,2E - 10

O grau de conhecimento esperado de um cliente com 10 anos de estudos com aprovação e com 30 anos de idade completos é:

a) 108,7.

b) 94,1.

c) 54,1.

d) 72,7.

e) 86,1.

85. Uma empresa cria uma campanha que consiste no sorteio de cupons premiados. O sorteio será realizado em duas etapas. Primeiramente, o cliente lança uma moeda honesta: se o resultado for "cara", o cliente seleciona, aleatoriamente, um cupom da urna 1; se o resultado for "coroa", o cliente seleciona, aleatoriamente, um cupom da urna 2. Sabe-se que 30% dos cupons da urna 1 são premiados, e que 40% de todos os cupons são premiados.

Antes de começar o sorteio, a proporção de cupons premiados na urna 2 é de:

a) 50%.

b) 25%.

c) 5%.

d) 10%.

e) 15%.

86. Há dez anos a média das idades, em anos completos, de um grupo de 526 pessoas era de 30 anos, com desvio padrão de 8 anos.

Considerando-se que todas as pessoas desse grupo estão vivas, o quociente entre o desvio padrão e a média das idades, em anos completos, hoje, é:

a) 0,45.

b) 0,42.

c) 0,20.

d) 0,27.

e) 0,34.

87. A Tabela a seguir apresenta a distribuição da variável número de talões de cheques, X, solicitados no último mês de uma amostra de 200 clientes de um banco.

Número de talões de cheques	Frequência
0	40
1	50
2	70
3	30
5	10
Total	200

a)

$$F_X(X) = \begin{cases} 0;\ se\,X < 0 \\ 0{,}005;\ se\ 0 \le x < 1 \\ 0{,}20;\ se\ 1 \le x < 2 \\ 0{,}40;\ se\ 2 \le x < 3 \\ 0{,}65;\ se\ 3 \le x < 5 \\ 1{,}00;\ se\ x \ge 5 \end{cases}$$

b)
$$F_X(X) = \begin{cases} 0;\ se\,X < 0 \\ 0{,}10;\ se\ 0 \leq x < 1 \\ 0{,}20;\ se\ 1 \leq x < 2 \\ 0{,}30;\ se\ 2 \leq x < 3 \\ 0{,}50;\ se\ 3 \leq x < 5 \\ 1{,}00;\ se\ x \geq 5 \end{cases}$$

c)
$$F_X(X) = \begin{cases} 0;\ se\,X < 0 \\ 0{,}20;\ se\ 0 \leq x < 1 \\ 0{,}45;\ se\ 1 \leq x < 2 \\ 0{,}80;\ se\ 2 \leq x < 3 \\ 0{,}95;\ se\ 3 \leq x < 5 \\ 1{,}00;\ se\ x \geq 5 \end{cases}$$

d)
$$F_X(X) = \begin{cases} 0;\ se\,X < 0 \\ 0{,}20;\ se\ 0 \leq x < 1 \\ 0{,}31;\ se\ 1 \leq x < 2 \\ 0{,}64;\ se\ 2 \leq x < 3 \\ 0{,}75;\ se\ 3 \leq x < 5 \\ 1{,}00;\ se\ x \geq 5 \end{cases}$$

e)
$$F_X(X) = \begin{cases} 0;\ se\,X < 0 \\ 0{,}20;\ se\ 0 \leq x < 1 \\ 0{,}40;\ se\ 1 \leq x < 2 \\ 0{,}60;\ se\ 2 \leq x < 3 \\ 0{,}80;\ se\ 3 \leq x < 5 \\ 1{,}00;\ se\ x \geq 5 \end{cases}$$

88. Três caixas eletrônicos, X, Y e Z, atendem a uma demanda de 50%, 30% e 20%, respectivamente, das operações efetuadas em uma determinada agência bancária. Dados históricos registraram defeitos em 5% das operações realizadas no caixa X, em 3% das realizadas no caixa Y e em 2% das realizadas no caixa Z.

Com vistas à melhoria no atendimento aos clientes, esses caixas eletrônicos passaram por uma revisão completa que:

I. reduziu em 25% a ocorrência de defeito;

II. igualou as proporções de defeitos nos caixas Y e Z; e

III regulou a proporção de defeitos no caixa X que ficou reduzida à metade da nova proporção de defeitos do caixa Y.

Considerando-se que após a conclusão do procedimento de revisão, sobreveio um defeito, a probabilidade de que ele tenha ocorrido no caixa Y é:

a) 40%.

b) 35%.

c) 20%.

d) 25%.

e) 30%.

89. Dentre as atribuições de um certo gerente, encontra-se o oferecimento do produto A, de forma presencial e individualizada, aos seus clientes. A probabilidade de o gerente efetuar a venda do produto A em cada reunião com um cliente é 0,40. Em 20% dos dias de trabalho, esse gerente não se reúne com nenhum cliente; em 30% dos dias de trabalho, ele se reúne com apenas 1 cliente; e em 50% dos dias de trabalho, ele se reúne, separadamente, com exatos 2 clientes.

Em um determinado dia de trabalho, a probabilidade de esse gerente efetuar pelo menos uma venda presencial do produto A é:

a) 0,54.

b) 0,46.

c) 0,20.

d) 0,26.

e) 0,44.

90. Os analistas de uma seguradora estimam corretamente que a probabilidade de um concorrente entrar no mercado de seguro de fiança locatícia é de 30%. É certo que se, de fato, o concorrente entrar no mercado, precisará aumentar seu quadro de funcionários. Sabe-se que, caso o concorrente não pretenda entrar no mercado desse segmento, existem 50% de probabilidade de que ele aumente o quadro de funcionários. Se o concorrente aumentou o quadro de funcionários, a probabilidade de que ele entre no mercado de seguro de fiança locatícia é de:

a) 13/20.

b) 7/13.

c) 3/10.

d) 7/20.

e) 6/13.

91. Uma escola de Ensino Médio decide pesquisar o comportamento de seus estudantes quanto ao número de refrigerantes consumidos semanalmente por eles. Para isso, uma amostra aleatória de 120 estudantes foi selecionada, e os dados foram sintetizados no histograma a seguir, em classes do tipo [0, 5), [5, 10), [10, 15), [15, 20), [20, 25) e [25, 30].

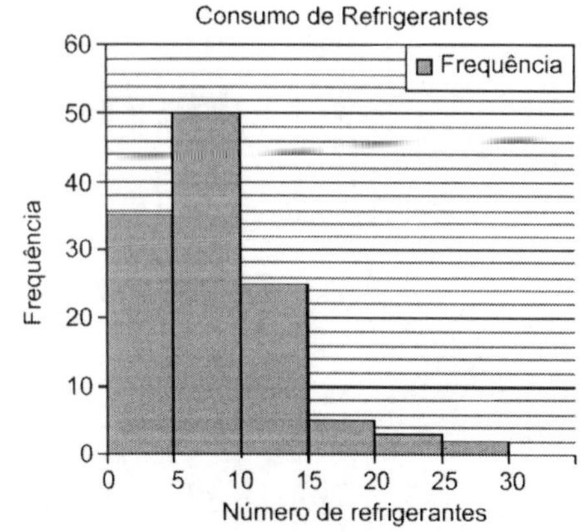

Qual o valor da amplitude interquartílica, obtido por meio do método de interpolação linear dos dados agrupados em classes?

a) 15.

b) $\frac{15}{2}$.

c) $\frac{29}{5}$.

d) $\frac{47}{7}$.

e) 10.

92. Numa amostra de 30 pares de observações do tipo (x_i, y_i), com i = 1, 2, ..., 30, a covariância obtida entre as variáveis X e Y foi -2. Os dados foram transformados linearmente da forma $(z_i, w_i) = (-3x_i + 1, 2y_i + 3)$, para i = 1, 2, ..., 30.

Qual o valor da covariância entre as variáveis Z e W transformadas?

a) 41.

b) 36.

c) -7.

d) 12.

e) 17.

93. Uma amostra aleatória de tamanho 5 é retirada de uma população e observa-se que seus valores, quando postos em ordem crescente, obedecem a uma Progressão Aritmética.

Se a variância amostral não viciada vale 40, qual é o valor da razão da Progressão Aritmética?

a) 3.

b) $5\sqrt{2}$.

c) 4.

d) $2\sqrt{5}$.

e) 1.

94. Uma pesquisa foi encomendada para saber as condições de funcionamento das escolas de um município. O Gráfico I mostra a distribuição das escolas pelas quantidades de alunos, e o Gráfico II mostra a presença ou não de cantina e ginásio nas escolas com mais de 500 alunos.

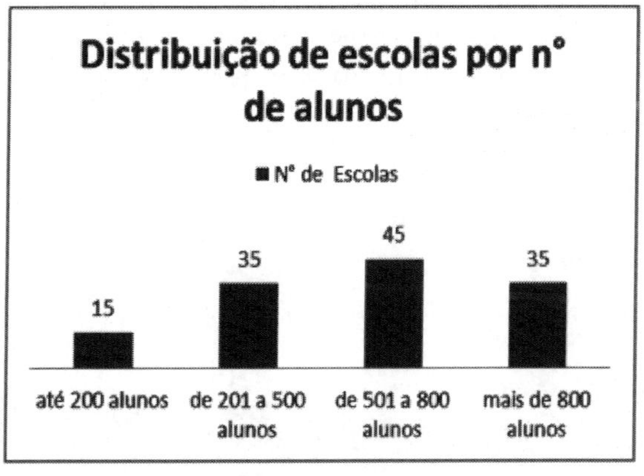

Gráfico I

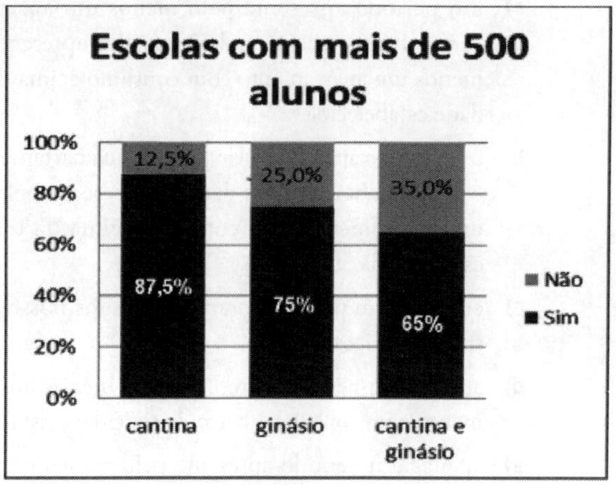

Gráfico II

O número de escolas, com mais de 500 alunos, que não possuem cantina nem ginásio é:

a) 15.

b) 12.

c) 2.

d) 4.

e) 6.

95. Define-se como desvio interquartílico a distância entre o 1º e o 3º Quartis. É usado para avaliar a existência de possíveis valores atípicos em um conjunto de dados. Valores aquém ou além de limites estabelecidos com base nessa medida devem ser investigados quanto à sua tipicidade em relação à distribuição. Geralmente o limite inferior é estabelecido como 1 vez e meia o valor desse desvio, abaixo do primeiro Quartil, enquanto o limite superior, como 1 vez e meia acima do terceiro Quartil.

Considere os resumos estatísticos das três distribuições de consumo de energia elétrica, em kW, dos 50 apartamentos com mesma planta, de um edifício, em três períodos diferentes ao longo de um ano, conforme a seguir:

Consumo de Energia (kW)	Janeiro-Abril	Maio-Agosto	Setembro-Dezembro
Média	87	70	80
Mediana	85	75	80
Moda	83	77	80
1º Quartil	80	68	75
3º Quartil	90	80	85
Menor Valor	75	49	62
Maior Valor	102	92	99
Número de Apartamentos	50	50	50

Conclui-se, a partir desses resumos, que:

a) um período apresenta pelo menos um apartamento com consumo abaixo, e dois períodos apresentam pelo menos um apartamento com consumo acima da tipicidade estabelecida.

b) um período apresenta pelo menos um apartamento com consumo abaixo, e um período apresenta pelo menos um apartamento com consumo acima da tipicidade estabelecida.

c) em nenhum período foram observados possíveis consumos atípicos.

d) apenas um período apresenta pelo menos um apartamento com consumo abaixo da tipicidade estabelecida.

e) apenas um período apresenta pelo menos um apartamento com consumo acima da tipicidade estabelecida.

96. Para ilustrar a importância da análise gráfica em análises de regressão linear, F. J. Anscombe produziu quatro conjuntos de pares (x, y) a partir das mesmas estatísticas suficientes, como: coeficientes linear e angular; soma dos quadrados dos resíduos e da regressão; e número de observações. Os diagramas de dispersão para as quatro bases de dados, juntamente com a reta da regressão (y = 4 + 0,5 x), encontram-se a seguir.

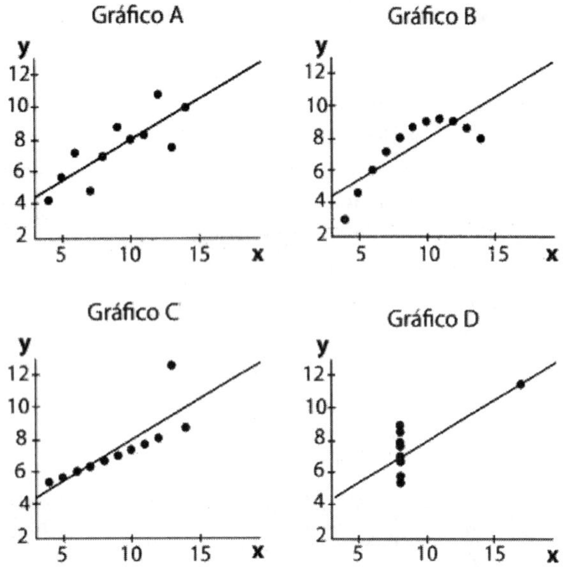

Com base nesses gráficos, considere as seguintes afirmativas:

I. O gráfico B mostra um valor influente para gerar uma regressão linear.

II. O gráfico C mostra uma possível observação *outlier* na regressão linear.

III. O gráfico D mostra uma possível observação *outlier* na regressão linear.

Está correto somente o que se afirma em;

a) II e III.

b) I e III.

c) I.

d) II.

e) III.

97. Em um jogo, os jogadores escolhem três números inteiros diferentes, de 1 a 10. Dois números são sorteados e se ambos estiverem entre os três números escolhidos por um jogador, então ele ganha um prêmio. O sorteio é feito utilizando-se uma urna com 10 bolas numeradas, de 1 até 10, e consiste na retirada de duas bolas da urna, de uma só vez, seguida da leitura em voz alta dos números nelas presentes.

Qual é a probabilidade de um jogador ganhar um prêmio no sorteio do jogo?

a) $\frac{1}{90}$

b) $\frac{1}{30}$

c) $\frac{1}{5}$

d) $\frac{1}{15}$

e) $\frac{1}{20}$

98. Os alunos de certa escola formaram um grupo de ajuda humanitária e resolveram arrecadar fundos para comprar alimentos não perecíveis. Decidiram, então, fazer uma rifa e venderam 200 tíquetes, numerados de 1 a 200. Uma funcionária da escola resolveu ajudar e comprou 5 tíquetes. Seus números eram 75, 76, 77, 78 e 79. No dia do sorteio da rifa, antes de revelarem o ganhador do prêmio, anunciaram que o número do tíquete sorteado era par.

Considerando essa informação, a funcionária concluiu acertadamente que a probabilidade de ela ser a ganhadora do prêmio era de:

a) 1,0%

b) 2,0%

c) 3,0%

d) 4,0%

e) 5,0%

99. Seis candidatos, aprovados para a penúltima etapa de um processo seletivo, foram submetidos a um teste de conhecimentos gerais com 10 itens do tipo "verdadeiro/falso". Os dois primeiros candidatos acertaram 8 itens cada, o terceiro acertou 9, o quarto acertou 7, e os dois últimos, 5 cada. Pelas regras do concurso, passariam para a etapa final da seleção os candidatos cujo número de acertos fosse maior ou igual à mediana do número de acertos dos seis participantes.

Quantos candidatos passaram para a etapa final?

a) 2.

b) 3.

c) 4.

d) 5.

e) 6.

100. Recentemente, a Organização Mundial da Saúde [OMS] mudou suas diretrizes sobre atividades físicas, passando a recomendar que adultos façam atividade física moderada de 150 a 300 minutos por semana. Seguindo as recomendações da OMS, um motorista decidiu exercitar-se mais e, durante os 7 dias da última semana, exercitou-se, ao todo, 285 minutos.

Quantos minutos diários, em média, o motorista dedicou a atividades físicas na última semana?

a) Mais de 46 minutos.

b) Entre 44 e 46 minutos.

c) Entre 42 e 44 minutos.

d) Entre 40 e 42 minutos.

e) Menos de 40 minutos.

101. Um analista de investimentos acredita que o preço das ações de uma empresa seja afetado pela condição de fluxo de crédito na economia de certo país. Ele estima que o fluxo de crédito na economia desse país aumente, com probabilidade de 20%. Ele estima também que o preço das ações da empresa suba, com probabilidade de 90%, dentro de um cenário de aumento de fluxo de crédito, e suba, com probabilidade de 40%, sob o cenário contrário.

Uma vez que o preço das ações da empresa subiu, qual é a probabilidade de que o fluxo de crédito da economia tenha também aumentado?

a) $\frac{1}{2}$

b) $\frac{1}{5}$

c) $\frac{2}{9}$

d) $\frac{9}{25}$

e) $\frac{9}{50}$

102. Por estudos estatísticos, estima-se que um cliente de um certo banco tem 75% de probabilidade de ir para atendimento de caixa eletrônico, e 25% de ir para um atendimento personalizado.

Em uma amostra de quatro clientes entrando no banco, qual é a probabilidade de que a maioria deles se dirija ao atendimento personalizado?

a) $\frac{1}{64}$gg

b) $\frac{5}{256}$gg

c) $\frac{3}{64}$gg

d) $\frac{13}{256}$gg

e) $\frac{27}{64}$gg

Gabaritos

01	B	52	B
02	D	53	D
03	E	54	B
04	B	55	A
05	C	56	E
06	A	57	C
07	C	58	E
08	D	59	D
09	C	60	B
10	C	61	A
11	D	62	D
12	B	63	A
13	C	64	B
14	C	65	B
15	B	66	E
16	B	67	E
17	B	68	E
18	A	69	B
19	D	70	D
20	E	71	B
21	A	72	A
22	E	73	B
23	A	74	B
24	E	75	A
25	C	76	D
26	C	77	B
27	A	78	D
28	D	79	B
29	B	80	C
30	E	81	A
31	B	82	D
32	D	83	E

33	E	84	D
34	B	85	A
35	B	86	C
36	C	87	C
37	A	88	A
38	E	89	E
39	B	90	E
40	C	91	D
41	D	92	D
42	D	93	C
43	B	94	C
44	B	95	D
45	C	96	D
46	E	97	D
47	A	98	B
48	C	99	B
49	C	100	D
50	E	101	D
51	B	102	D

CONHECIMENTOS DE TECNOLOGIA DA INFORMAÇÃO E COMUNICAÇÃO

6 CONHECIMENTOS DE TECNOLOGIA DA INFORMAÇÃO E COMUNICAÇÃO

01. Um supervisor de equipe precisa redigir um memorando para envio à chefia imediata. Ele precisa da colaboração dos seus subordinados na edição desse texto. Todavia, o supervisor quer ter acesso ao histórico de alterações (quem alterou o quê), a fim de que possa julgar quais sugestões ele aceita ou não. Qual recurso do MS Word 365, versão português, oferece essa possibilidade?

a) Correspondências

b) Layout

c) Pesquisar

d) Revisão

e) Suplementos

02. A assinatura digital é um controle de segurança que permite a verificação da integridade e da autenticidade do documento digital. Sabe-se que o certificado digital do signatário (CertSignatário) foi emitido pela Autoridade Certificadora 1 (AC1); o certificado da AC1 (CertAC1) foi emitido pela Autoridade Certificadora Raiz (ACZ); e que o certificado da ACZ (CertACZ) é autoassinado. Para validarmos a assinatura digital do signatário de um documento digital, nessa infraestrutura de chaves públicas em cadeia, é necessário ter-se

a) apenas o CertSignatário

b) apenas o CertAC1

c) apenas o CertACZ

d) apenas o CertSignatário e o CertACZ

e) todos os certificados da cadeia (CertSignatário, CertAC1 e CertACZ)

03. O aplicativo de correio eletrônico pode ser configurado para enviar mensagens e acessar as caixas de mensagens que estão no servidor de correio. Um dos protocolos de comunicação mais utilizados para acessar as mensagens da caixa de entrada é o

a) SMTP

b) IMAP

c) SMB

d) SSH

e) RDP

04. O compartilhamento de experiências de uma equipe de vendas pode ser uma interessante abordagem do departamento comercial de uma empresa. Para isso, uma solução é utilizar um sistema de páginas modificáveis por qualquer pessoa da equipe, em um formato que permita a edição, no formato de código de páginas (como HTML, por exemplo) ou em um que seja intuitivo, como um editor de textos padrão. Outra importante funcionalidade é a manutenção de histórico de versões. Como são designados os ambientes que implementam as funcionalidades descritas?

a) Correio eletrônico

b) Podcasts

c) Telnet

d) Vídeo blogs (VLOGS)

e) Wikis

05. A possibilidade de configuração de conexões, oferecida pelo navegador Firefox, revela-se recurso interessante para organizações que necessitam, por exemplo, acessar um servidor de proxy que disponibiliza um serviço específico, não acessível ao público externo. No menu Configurações, qual a opção na qual a janela de configuração de conexão é acessada?

a) Geral

b) Início

c) Pesquisa

d) Sync

e) Privacidade e Segurança

06. Equipes do Microsoft Teams reúnem pessoas com o objetivo de facilitar a colaboração entre seus membros. Todo conteúdo público de um canal é visível aos membros da equipe, o que, em uma organização, pode não ser conveniente. Por vezes, é necessário que um subconjunto do grupo discuta questões confidenciais, sem ter que fazê-lo em uma equipe alternativa. Qual recurso do Microsoft Teams viabiliza a criação de uma área exclusiva dentro de uma equipe?

a) Caderno

b) Tarefas

c) Insights

d) Canais privados

e) Links para a equipe

07. A computação distribuída permite que as máquinas integrantes de uma rede, que utiliza esse modelo computacional, executem o seu próprio processamento. Esse cenário permite que as organizações se beneficiem da integração de serviços, por meio da interconexão oferecida pelas redes de computadores, otimizando recursos e maximizando o poder de seu parque computacional. Nesse cenário, o modelo de redes ponto a ponto se caracteriza por

a) agrupar um conjunto de computadores, localizados em ambientes físicos distintos, para processar grandes volumes de dados.

b) existir um servidor frontal (front-end) que se comunica com outro servidor traseiro (back-end), este responsável pelos dados do processamento.

c) inexistir a figura de um servidor dedicado, já que qualquer equipamento pode desempenhar a função de servidor de um determinado serviço.

d) interligar um conjunto de computadores, de forma que pareça um supercomputador com considerável poder computacional.

e) oferecer um modelo em que existe a figura de um equipamento servidor, responsável por atender às requisições de equipamentos clientes.

08. Os bancos investem em recursos de segurança para minimizar os riscos de fraude nas operações bancárias através de *Internet Banking*. Os usuários, porém, precisam estar atentos aos golpistas que procuram persuadir vítimas em potencial a acessar *sites* falsos e a fornecer informações sensíveis. Esse ataque é conhecido como

a) botnet

b) injection

c) spyware

d) phishing

e) ransomware

09. Sabendo que o banco em que trabalha vai colocar centenas de ATMs em shoppings e postos de gasolina, um funcionário de TI propôs que cada ATM mandasse periodicamente um sinal de status, por meio do protocolo UDP. Esse protocolo do conjunto TCP/IP é considerado como parte da camada

a) de aplicações

b) de transporte

c) de rede

d) de enlace de dados

e) física

10. Apesar de os navegadores serem as ferramentas dominantes na internet, vários serviços possuem ferramentas próprias mais adequadas e, inclusive, mais otimizadas para protocolos específicos. Um desses protocolos foi desenvolvido para a transferência de arquivos, sendo usado a partir de programas como FileZilla. Esse protocolo é conhecido como

a) ftp

b) imap

c) pop3

d) ssh

e) telnet

11. Portais corporativos revelam-se uma interessante alternativa de comunicação com seu público-alvo. Esses portais permitem que a organização transmita, pela internet, sua mensagem diretamente para o meio externo com um conteúdo organizado. Ao ser desenvolvido, é importante que tal conteúdo seja testado nos principais navegadores de rede. Um importante representante dessa categoria é o Mozilla Firefox, sendo a escolha dos temas uma das etapas importantes no projeto de um portal. Qual é a função dos temas no Mozilla Firefox?

a) Configurar a privacidade de informações que possam identificar o usuário em: normal, rigoroso ou personalizado.

b) Mudar a aparência, como, por exemplo, o esquema de cores ou a imagem de fundo das barras de ferramentas.

c) Organizar as abas abertas em uma única janela, definindo sua sequência de apresentação por um critério de ordenação.

d) Permitir a edição do controlador de zoom da página apresentada, adequando-a às configurações de tela.

e) Sincronizar itens favoritos entre os diversos dispositivos de um usuário, tais como senhas ou abas abertas.

12. O Microsoft Teams possui recursos que apoiam reuniões de times de trabalho em discussões, tais como o desenho ou a readequação de procedimentos organizacionais.

Uma opção disponível para reuniões é o lobby, que funciona como

a) discador de chamadas pinnedGroup

b) integrador de armazenamento com o OneDrive

c) integrador de tarefas com o calendário

d) notificador do feed de atividades

e) uma sala de espera de reuniões

13. Uma opção de navegador web (browser) de internet disponível para instalação em diversas plataformas é o Mozilla Firefox, que apresenta um conjunto de funcionalidades, entre elas o seu histórico de navegação. Inclui(em)-se no histórico de navegação do Mozilla Firefox

a) a Configuração de zoom

b) o Certificado OCSP

c) o Protocolo HTTPS

d) os Cookies

e) os Temas

14. O LinkedIn é uma plataforma que viabiliza o estabelecimento de redes sociais direcionadas ao contexto profissional. Estimular os colaboradores da organização a cadastrarem e manterem suas informações atualizadas neste ambiente pode ser uma interessante estratégia de visibilizar confiabilidade institucional. Em uma das possíveis formas de divulgação deste ambiente, podem-se cadastrar informações referentes à experiência profissional (Experience), formação acadêmica (Education) e um campo livre para autodescrição (About). Para acessar esse cadastro, utiliza-se a opção

a) Mensagens (Messaging)

b) Minha rede (My Network)

c) Notificações (Notifications)

d) Perfil (Profile)

e) Vagas (Jobs)

15. O Microsoft Teams é um software que facilita a gestão de equipes, com o propósito de integrar funcionalidades que dão suporte ao trabalho dos membros dessas equipes em um único ambiente. Quanto às equipes do Microsoft Teams e seus membros, observa-se que

a) a configuração da apresentação automática de canais de equipes é feita na opção de gerenciamento de marcas.

b) as equipes do tipo Classe permitem que seus membros trabalhem em metas integradas ou desenvolvimento profissional.

c) os membros de uma equipe conseguem alterar o nome ou a descrição da mesma.

d) as pessoas externas à organização podem ser membros de uma equipe na categoria convidado.

e) o membro de uma equipe pode ter três funções na mesma equipe: proprietário, membro ou moderador de equipe.

16. Um colaborador da empresa utilizou o Word do Microsoft Office 365 para produzir um documento. Depois que o documento foi salvo, o usuário pressionou o botão *Compartilhar* para acessar a janela *Enviar link*. Nessa janela, selecionou a opção *Especificar pessoas*, marcou a opção *Permitir edição*, desativou a opção *Abrir somente em modo de revisão* e pressionou o botão *Aplicar*. De volta à janela *Enviar link*, forneceu os endereços de e-mail das pessoas que deveriam receber o link de compartilhamento do documento e pressionou o botão *Enviar*. Em seguida, uma janela com a mensagem de confirmação de envio foi apresentada. Depois de abrir o documento novamente no Word do Microsoft Office 365, o usuário poderá saber quem fez alterações recentes no seu documento se clicar em

a) Acompanhar edição

b) Acompanhar alterações

c) Acompanhar revisões

d) Ficar em dia

e) Novidades

17. Uma boa imagem institucional deve ser não somente construída e mantida pela empresa, mas também divulgada. Desse modo, a organização transmite confiabilidade aos seus clientes, colaboradores e fornecedores, fortalecendo sua relação com a comunidade. Nesse contexto, o Twitter pode exercer um papel fundamental. Uma funcionalidade oferecida pelo Twitter são as(os)

a) vozes do Twitter, que possibilitam ao usuário o compartilhamento de ideias transitórias.

b) listas, que permitem ao usuário selecionar os tweets que deseja prioritariamente visualizar.

c) *moments*, que viabilizam as conversas privadas particulares ou em grupo, via plataforma ou SMS.

d) *periscopes*, que definem diretrizes e políticas gerais para uso pelas autoridades policiais do Twitter.

e) boletins informativos, que permitem a visualização de várias timelines em uma única interface simples.

18. A segurança da informação deve fazer parte da postura dos colaboradores da empresa no dia a dia de trabalho. Com o objetivo de garantir a autoria dos seus documentos digitais, o colaborador deve executar o processo de assinatura digital para cada documento criado. A assinatura digital é criada pelo signatário do documento com o uso da sua chave

a) pública

b) privada

c) simétrica

d) compartilhada

e) certificada

19. O Mozilla Firefox apresentou uma página de resultado de uma pesquisa na Web na qual o usuário deseja procurar uma palavra específica. Para fazer isso, o usuário pode acessar a caixa de texto de procura na página, pressionando, em conjunto, as teclas

a) Ctrl e T

b) Ctrl e N

c) Ctrl e P

d) Ctrl e S

e) Ctrl e F

20. Um funcionário de um determinado banco, ao ser designado para trabalhar no data center da instituição, identificou problemas de segurança. Por essa razão, formulou duas propostas de melhoria: instalar um controle de acesso biométrico nas portas do data center, que estavam sempre abertas, e exigir que as senhas do servidor principal, que nunca expiravam, fossem trocadas a cada 30 dias. Pelo tipo de controle que implementam, as melhorias propostas pelo funcionário são classificadas, respectivamente, como

a) física e processual

b) física e tecnológica

c) processual e física

d) processual e tecnológica

e) tecnológica e processual

21. A Segurança da Informação é uma preocupação permanente dos agentes comerciais, principalmente em relação a assuntos contratuais e financeiros e às facilidades advindas dos meios digitais. Os recursos providos pelas áreas de TI das empresas, no que se refere à segurança da informação, incluem a irretratabilidade, que deve garantir a

a) manutenção exata e completa do conteúdo das mensagens desde a origem até o destino.

b) impossibilidade de negar a autoria de uma mensagem.

c) possibilidade do acesso a qualquer mensagem quando necessário.

d) impossibilidade de os conteúdos das mensagens serem lidos e compreendidos por pessoas não autorizadas.

e) impossibilidade de o destinatário negar o recebimento de uma mensagem.

22. As informações sobre um processo essencial de determinado banco nunca foram documentadas, porém são conhecidas implicitamente por seus muitos funcionários. Responsável por recuperar e documentar esse conhecimento, um funcionário protagonizou uma iniciativa para que os próprios funcionários criassem a documentação, instalando e gerenciando um site baseado na tecnologia Wiki na intranet desse banco. Qual a principal característica dos Wikis?

a) Gerar documentação em PDF automaticamente, facilitando a criação de documentos distribuíveis.

b) Manter um fórum de discussões estruturado em forma de árvore e orientado a assuntos.

c) Transformar, rapidamente, documentos Word em páginas Web.

d) Permitir que o leitor de uma página Web edite seu conteúdo.

e) Gerenciar listas de discussão feitas por e-mail e guardar seu conteúdo.

23. Devido à pandemia, muitos funcionários de um determinado banco precisaram trabalhar de casa. Percebendo que seria necessário um novo procedimento de acesso remoto que atendesse às necessidades de segurança, o setor de TI desse banco determinou o uso de um mecanismo seguro que conectasse, via internet pública, o computador do funcionário, em sua casa, com a rede privada da instituição financeira, bloqueando o acesso de terceiros ao trânsito de informações. Para garantir a segurança dessa conexão, essa instituição deve adotar a tecnologia de rede conhecida como

a) HTTP

b) PGP

c) VPN

d) WEK

e) WPA2

24. Existem soluções de hardware e software que buscam minimizar as chances de um ataque a sistemas computacionais ser bem-sucedido. Dentre tais soluções de segurança, há uma que monitora o tráfego de entrada e saída de rede, funcionando como um filtro de pacotes, permitindo ou não a sua liberação a partir de um conjunto de regras específicas. Essa solução é o

a) Antimalware

b) Dispositivo USB

c) Firewall

d) Phishing

e) SQL injection

25. O certificado digital, emitido por uma Autoridade Certificadora (AC), visa a prover uma identidade virtual que permite a identificação segura e inequívoca do ator de uma mensagem ou transação feita em meios eletrônicos.

Dentre as informações presentes no certificado digital, emitido por uma AC para um indivíduo, existe a

a) chave privada da AC

b) chave pública da AC

c) chave privada do indivíduo

d) chave pública do indivíduo

e) assinatura digital do indivíduo

26. A Autoridade Certificadora (AC) emite certificados digitais com o objetivo de atestar a associação entre uma chave pública e uma entidade que pode ser uma pessoa física, pessoa jurídica, cliente de rede ou servidor de rede.

Quando um certificado é emitido para uma pessoa física, o certificado digital contém a assinatura digital apenas da(o)

a) pessoa física.

b) AC.

c) pessoa física e da AC.

d) estação na qual o certificado será usado.

e) servidor que exige o certificado digital.

27. O texto abaixo é um trecho adaptado da fábula A Cigarra e a Formiga, que estava sendo digitado para uma apresentação com crianças. Era uma vez uma cigarra que vivia saltitando e cantando pelo bosque, sem se preocupar com o futuro. Esbarrando numa formiguinha, que carregava uma folha pesada, perguntou: - Ei, formiguinha, para que todo esse trabalho? O verão é para gente aproveitar! O verão é para gente se divertir! - Não, não, não! Nós, formigas, não temos tempo para diversão. É preciso trabalhar agora para guardar comida para o inverno. Durante o verão, a cigarra continuou se divertindo e passeando por todo o bosque. Quando tinha fome, era só pegar uma folha e comer. O digitador estava sem seus óculos para perto e resolveu valer-se do recurso de leitura em voz alta proporcionado pelo Word 2016, em português, que estava utilizando. Para isso, selecionou o texto que desejava escutar e clicou no seguinte ícone:

a) 

b) 

c) 

d) 

e) 

28. Ao fazer um texto sobre Machado de Assis, um estudante deparou-se com um nome não conhecido por ele: Guiomar. Resolveu, então, fazer uma busca com recursos do próprio MS Word 2016 em Português. Para fazer tal busca, ele pode, inicialmente, executar os seguintes procedimentos:

a) inserir >> link >> inserir link

b) referência >> Pesquisa Inteligente >> selecionar Guiomar

c) inserir >> inserir citação

d) referência >> Pesquisador

e) selecionar Guiomar >> inserir >> Pesquisa Inteligente

29. Qual atalho de teclado pode ser usado nos navegadores Google Chrome, Mozilla Firefox e Microsoft Edge para trazer de volta a última guia fechada, no sistema operacional Windows?

a) Alt F4

b) Ctrl + o

c) Ctrl + Shift + q

d) Ctrl + Shift + t

e) Ctrl + w

30. Quando um usuário do MS Word 2016 em português quer empilhar todas as janelas abertas, de modo que possa vê-las todas de uma só vez, ele clica no ícone

a) 

b) 

c) 

d) 

e) 

31. No MS Word 2016 em português, um usuário deseja aplicar a mesma formatação de aparência de um texto selecionado para outras partes do documento. O recurso que permite tal ação é

a) Layout da Página

b) Formatação de Realce

c) Palheta de Cores

d) Pincel de Formatação

e) Temas de Formatação

32. Um usuário do MS Word 2016 em português precisa impedir que um parágrafo de texto seja dividido em duas páginas diferentes (final de uma página e início da outra). O recurso que deve ser utilizado, nesse caso, é denominado

a) Linha Viúva

b) Linha Órfão

c) Manter Linhas Juntas

d) Página Única

e) Não Hifenizar

33. Um usuário do MS Word 2016 em português está digitando um documento e precisa criar hiperlinks internos para lugares específicos desse documento, tais como títulos, tabelas e ilustrações. Para criar tais hiperlinks, que recurso esse usuário deverá utilizar?

a) Bibliografia

b) Inserir Legenda

c) Marcar Citação

d) Marcar Entrada

e) Referência Cruzada

34. Um usuário do MS Word 2016 em português, ao digitar um texto, clicou no ícone π. Essa ação tem como finalidade

a) configurar um hiperlink no texto.

b) incluir ou criar uma equação matemática.

c) adicionar uma tabela contendo apenas números.

d) adicionar símbolos que não se encontram no teclado.

e) mostrar marcas de parágrafos ou símbolos de formatação ocultos.

35. Um arquivo docx, criado com o MS Word 2010, foi aberto com sucesso mediante digitação da senha de abertura correta e da senha de gravação correta. Em seguida, esse arquivo foi salvo no formato Rich Text (.rtf). Nessas condições, o novo arquivo (.rtf)

a) será protegido, tanto para abertura como para gravação, por uma senha padrão, correspondente ao nome do usuário do MS Word usado para criar o arquivo original.

b) será protegido, tanto para abertura como para gravação, pelas mesmas senhas de abertura e de gravação do arquivo original.

c) não será protegido por senha de abertura nem de gravação.

d) será protegido de abertura pela mesma senha de abertura do arquivo original, mas não será protegido por senha de gravação.

e) será protegido de gravação pela mesma senha de gravação do arquivo original, mas não será protegido por senha de abertura.

36. Uma empresa deseja permitir que seus colaboradores acessem vários de seus recursos de forma distribuída, via rede, sem, no entanto, permitir que outras pessoas, estranhas à empresa, tenham esse mesmo privilégio. Para isso, o departamento de suporte de TI da empresa deve providenciar uma

a) Intranet

b) Ethernet

c) WAN

d) VLAN

e) WLAN

37. A exploração da internet exige o uso de inúmeros protocolos, dentre os quais o protocolo FTP.Esse protocolo tem como objetivo

a) transferir arquivos entre cliente e servidor.
b) confirmar a identidade de um servidor.
c) prover serviço de datagrama não confiável.
d) manipular caixas postais remotas como se fossem locais.
e) gerenciar correio eletrônico.

38. O protocolo que permite a navegação na internet segura através de criptografia de informações é o

a) HTTPS
b) HTTP
c) HTML
d) XHTML
e) XML

39. Uma empresa tem uma intranet fortemente protegida, porém deseja dar aos seus funcionários uma forma de estabelecer uma conexão segura do computador de sua casa à intranet da empresa, estando ligado na internet. Isso dará ao funcionário a impressão de que está dentro da intranet da própria empresa. Para isso, deve estabelecer um(a)

a) Captcha
b) DNS
c) Firewall
d) LAN
e) VPN

40. O responsável pela segurança da informação de uma empresa ministrou uma série de palestras sobre as diversas ameaças ao ambiente computacional da empresa, ressaltando pontos importantes a serem observados pelos usuários. Um desses usuários, revendo suas anotações, percebeu que se havia enganado no registro de um procedimento ou o instrutor tinha-se equivocado ao enunciá-lo. Qual é a suposta recomendação que está equivocada?

a) Conexões para pagamento de contas via Internet Banking devem ser finalizadas antes do fechamento do browser utilizado.
b) Documentos com informações muito sensíveis sobre os negócios da empresa, criados e editados no Microsoft Word 2010, devem, preferencialmente, ser criptografados antes de arquivados.
c) A infecção de um computador por vírus através de abertura de arquivos suspeitos anexados a e-mails é evitada com a instalação prévia de versões atualizadas de antivírus.
d) A autoexecução de mídias removíveis deve ser desabilitada.
e) O uso da navegação anônima é uma forma de proteção da privacidade quando a internet é acessada em computadores de terceiros.

41. Os responsáveis por procedimentos de Segurança da Informação devem-se preocupar com usuários mal intencionados, muitas vezes responsáveis por geração de prejuízos empresariais disseminando malwares, roubando senhas ou realizando outra ação qualquer de invasão dos sistemas da empresa. Um exemplo típico é o programador competente, mas mau caráter, que produz programa malicioso capaz de propagar-se automaticamente pela rede de computadores da empresa em que trabalha, por meio de cópias de computador para computador, provocando, por exemplo, lentidão na rede, desaparecimento de arquivos, etc. Os males que esse tipo de programa produz ainda seriam mais graves se dispusesse, como outros malwares, de mecanismos de comunicação que proporcionassem seu controle remoto pelo agente invasor. Esse tipo de programa malicioso é conhecido como

a) Adware
b) Spyware
c) Keylogger
d) Vírus
e) Worm

42. Uma hacker ameaçou divulgar na Web informações sigilosas de uma empresa após ter conseguido acesso a seus sistemas de informação. Para conseguir o acesso, ela telefonou para uma das secretárias da diretoria, passando-se por esposa de um dos diretores. Em seguida, ela disse à secretária que seu marido tinha sofrido um acidente e estava hospitalizado. Porém, antes de ficar inconsciente, o diretor lhe havia pedido que entrasse em contato com a empresa a fim de que uma de suas secretárias solicitasse a mudança do seu login e da sua senha, pois ele havia perdido sua agenda no acidente e temia que alguém pudesse invadir os sistemas da empresa, uma vez que esses dados, por descuido seu, estavam anotados na agenda perdida. Em seguida, a suposta esposa forneceu os novos login e senha à secretária. Esse tipo de ataque para obtenção de informações é chamado de

a) informações livres
b) engenharia social
c) varredura de vulnerabilidades
d) dumpster diving
e) ataque físico

43. Para prevenir que vírus se instalem nos computadores de seus usuários, o Gmail não permite que sejam enviados ou recebidos arquivos executáveis. Como consequência dessa política, dentre os arquivos listados abaixo, o único que poderia ser enviado por e-mail através do Gmail é

a) arq_a.pif
b) arq_b.exe
c) arq_c.bat
d) arq_d.jar
e) arq_e.txt

44. Os escriturários de uma agência foram chamados para uma reunião com um profissional da área de segurança da informação de um banco. O objetivo dessa reunião era informá-los de que houve uma falha nos procedimentos de segurança da rede de computadores da agência, o que permitiu a propagação de um programa malicioso bastante perigoso.

Durante a reunião, o profissional de segurança disse que o programa em questão permite monitorar a movimentação do mouse por sobre a tela de uma aplicação bancária, com o objetivo de descobrir a senha digitada por um usuário que esteja usando um teclado virtual.

Ele completou sua explanação dizendo que esse tipo de código malicioso é chamado de

a) vírus

b) trojan clicker

c) spyware

d) botnet

e) trojan backdoor

45. Um dos aplicativos mais usados do conjunto Microsoft Office é o Word. Trata-se de um editor de texto com muitas opções de edição e formatação. Em sua aba principal, o Word apresenta uma área com um conjunto de botões como os ilustrados na Figura.

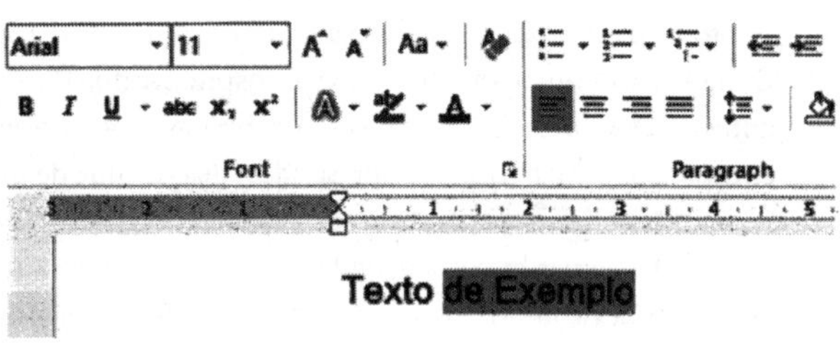

Se na situação ilustrada na Figura (com o texto marcado), o usuário selecionar os botões **U** e **x2** , o resultado visual no texto será:

a) Texto de Exemplo

b) Texto de Exemplo

c) Texto de Exemplo

d) Texto de Exemplo

e) Texto de Exemplo

46. O MS Internet Explorer e o Mozilla Firefox usam o mesmo comando (uma tecla ou combinação de teclas) para sair do modo de exibição de tela inteira. Que comando é esse?

a) Ctrl + H

b) Ctrl + -

c) Ctrl + B

d) F11

e) Ctrl + 0

47. Como é classificado o código malicioso que instala um servidor de proxy, de modo a permitir que um computador seja utilizado para navegação anônima e envio de spam?

a) Spyware

b) Cavalo de troia

c) Worm

d) Bot

e) Backdoor

48. Um usuário deseja proteger seu computador, de modo a impedir que um hacker utilize portas de protocolo para invadir esse computador.

Uma forma de permitir essa proteção é através da

a) criação de um disco de restauração do sistema

b) configuração do navegador para trabalhar em modo anônimo

c) instalação de um software de firewall

d) criação de senha para e-mail

e) cópia de arquivos do sistema para uma pasta protegida

49. O gerente de uma agência recebeu um e-mail, supostamente reenviado por um cliente, com o seguinte conteúdo

COMPRASRAPIDO – PROMOÇÃO

Prezado Amigo, você acaba de ser contemplado(a) na promoção Compra Premiada COMPRASRAPIDO e ganhou R$ 1.000,00 (Mil Reais) em vale compras em qualquer estabelecimento que tenha as máquinas COMPRASRAPIDO.

Clique no botão abaixo e cadastre-se.

Cadastre-se

Qual deve ser a providência do gerente?

a) Clicar no botão e candidatar-se ao prêmio.

b) Contatar o cliente e perguntar do que se trata.

c) Devolver o e-mail ao cliente, solicitando informações suplementares.

d) Encaminhar o e-mail aos amigos, celebrando o fato e incentivando-os a participar da promoção.

e) Contatar o órgão responsável pela segurança da informação, relatar o fato e perguntar como proceder.

50. Baseada nas melhores práticas para segurança da informação, uma instituição governamental visa à melhor gestão dos seus ativos e classificação das informações. Três dentre os critérios mínimos aceitáveis para atingir esse objetivo são:

a) integridade, sigilo e amplitude

b) recorrência, disponibilidade e transparência

c) área de gestão, nível hierárquico e autorização

d) disponibilidade, restrição de acesso e integração

e) confidencialidade, criticidade e prazo de retenção

51. Um grupo de torcedores, insatisfeitos com o resultado do jogo em que seu time sofreu uma goleada, planejou invadir a rede de computadores do estádio onde ocorreu a disputa para tentar alterar o placar do jogo. Os torcedores localizaram a rede, porém, entre a rede interna e a externa, encontraram uma barreira que usou tecnologia de filtragem dos pacotes que eles estavam tentando enviar. Essa barreira de segurança de filtro dos pacotes é o

a) firewall
b) antivírus
c) antispam
d) proxy
e) PKI

52. Ao comparar os dois textos abaixo, editados em Word (português), um revisor percebeu duas diferenças e decidiu fazer as correções necessárias no segundo texto, visto que deveriam ser perfeitamente iguais. Navegar em águas revoltas é sempre perigoso, mais ainda em barcos pequenos e sem o recurso de motores potentes. Navegar em águas revoltas é sempre **perigoso**, mais ainda em barcos pequenos e sem o recurso de *motores* potentes. Quais combinações de teclas possibilitariam as correções?

a) Ctrl + F e Ctrl + I
b) Ctrl + G e Ctrl + S
c) Ctrl + N e Ctrl + I
d) Ctrl + N e Ctrl + S
e) Ctrl + Z e Ctrl + I

53. Ao navegar no Chrome ou Firefox por diversos sites de informações tecnológicas, um usuário assinala as páginas importantes para as quais gostaria de voltar posteriormente com mais facilidade, sem precisar buscá-las ou digitar o seu endereço novamente. Esses dados armazenados são chamados de

a) Applets
b) Guias
c) HTTP
d) Bookmarks
e) Cache

54. Uma caixa de texto é um objeto que permite inserir e digitar texto em qualquer lugar de um documento editado no Word. Os objetos criados em aplicativos e vinculados ou inseridos em outros aplicativos são objetos

a) OLE – Object Linkink and Embedding
b) OLAP – Online Analytical Processing
c) OCR – Object Construction Referenced
d) OTP – Object Transfer Protocol
e) CXML – Custom XML

55. Dois amigos estão conversando sobre novidades de informática. Um deles comenta que o backup dos dados de seu computador pessoal está na nuvem (cloud).Isso significa que

a) uma conexão com a Internet será necessária, na ocasião de eventual necessidade de restore dos arquivos.
b) o spool de backup, localizado no mesmo diretório do spool de impressão, é o local de armazenamento de seus documentos pessoais.
c) os backups são armazenados, localmente, em memória interna, não volátil, de alta velocidade e de alto custo.
d) os backups são armazenados em dois ou mais discos externos USB, conectados ao computador pessoal.
e) os arquivos existentes no computador, em sua totalidade, são, localmente, duplicados e compactados no formato MP4.

56. A secretária de uma firma que está elaborando, no Microsoft Word, um relatório mensal de atividades observa que 3 parágrafos de uma página estão com formatações diferentes. Para obter uma única formatação, ela deverá aplicar, em todos os parágrafos, o seguinte recurso:

a) Desfazer
b) *Zoom*
c) Pincel
d) Marca d'água
e) Referência Cruzada

57. Um funcionário de uma empresa criou, na área de trabalho de seu notebook Windows, um arquivo .txt contendo algumas informações pessoais. Como esse arquivo contém dados sigilosos, ele gostaria de que seu conteúdo não fosse acessado por outras pessoas, no caso de furto ou roubo de seu equipamento. Para evitar o acesso indevido ao conteúdo desse arquivo, é necessário que esse funcionário

a) renomeie o arquivo para o formato PDF.
b) utilize criptografia simétrica com senha forte.
c) gere um arquivo adicional contendo o hash do arquivo .txt
d) troque o disco interno do equipamento por um com sistema FAT32
e) mova o arquivo da área de trabalho para o diretório c:\tmp.

58. A supervisora de compras de uma pequena empresa recebe uma solicitação para a compra de um firewall. Esse pedido tem como objetivo específico a(o)

a) aceleração dos cálculos das planilhas
b) realização de videoconferência remota
c) realização de agendamento on-line de reuniões
d) armazenamento de e-mails infinitos
e) aumento da segurança da rede

59. Um dos procedimentos que podem ser adotados para aumentar a segurança de redes locais sem fio é permitir que somente os equipamentos com placas de redes cadastradas possam acessá-la. Para tal, na configuração do roteador dessa rede sem fio, deve-se

a) usar IP fixos em vez de habilitar o DHCP.
b) usar o protocolo de segurança WPA em vez do WEP.
c) usar uma lista de controle de acesso baseada nos endereços MAC.
d) desabilitar o broadcast do SSID.
e) mudar a chave criptográfica padrão.

60. Um funcionário percebeu que digitava num documento Word, repetidamente, textos e formatações com os quais sintetizava e classificava as várias ações de seu setor em diversas categorias. Com a finalidade de otimizar seu trabalho, resolveu automatizá-lo, agrupando toda a digitação correspondente a cada categoria sob um único comando que, quando executado, realizaria automaticamente toda a digitação e formatação correspondentes. Para realizar essa automação de maneira apropriada, o funcionário utiliza

a) macros

b) etiquetas

c) caixas de texto

d) referências cruzadas

e) campos de mesclagem

61. Depois de digitar dois textos no aplicativo Word, para incluir num relatório, um funcionário percebeu que estavam com alinhamentos diferentes em relação às margens. Resolveu, então, mantendo os textos, usar o alinhamento do primeiro texto em ambos. Para isso utilizou o recurso

a) copiar e colar

b) recortar e colar

c) selecionar e substituir

d) hifenizar automaticamente

e) pincel ou pincel de formatação

62. O Bluetooth é um(a)

a) padrão da instalação para redes Ethernet

b) sistema de armazenamento não volátil de alta capacidade

c) tecnologia de compressão de dados para redes sem fio

d) tecnologia para comunicação sem fio de curta distância

e) interface física para ligações entre computadores com par trançado

63. Um dos recursos presentes no Windows, desde a versão xp, é o Windows Firewall. Esse recurso tem o objetivo de

a) aumentar a segurança do sistema

b) melhorar o desempenho do sistema

c) tornar o sistema mais acessível e prático

d) melhorar a comunicação dos usuários com a Microsoft

e) facilitar o uso do sistema por pessoas com necessidades especiais.

64. Ao editar um documento no MS Word, o autor deseja copiar um determinado trecho para inserir uma cópia do mesmo em um outro ponto do texto. Para tanto, ele poderá marcar o trecho usando o mouse e, então, usar as teclas

a) Ctrl+A para copiar o trecho selecionado e Ctrl+X para inserir o trecho copiado no ponto desejado

b) Ctrl+C para copiar o trecho selecionado e Ctrl+V para inserir o trecho copiado no ponto desejado

c) Ctrl+X para copiar o trecho selecionado e Ctrl+V para inserir o trecho copiado no ponto desejado.

d) Ctrl+Z para copiar o trecho selecionado e Ctrl+A para inserir o trecho copiado no ponto desejado

e) Ctrl+Z para copiar o trecho selecionado e Ctrl+X para inserir o trecho copiado no ponto desejado.

65. Qual é o máximo de tentativas que devem ser feitas para quebrar uma senha numérica de 4 algarismos?

a) 2^4

b) 2^{10}

c) 4^2

d) 10^2

e) 10^4

66. Os tipos de rede digital podem ser classificados em função dos seus alcances geográficos. A rede com alcance de até 500 metros, utilizada em escritórios ou andares de um edifício, é denominada rede local e é conhecida pela sigla :

a) LAN

b) RAN

c) CAN

d) MAN

e) WAN

67. Uma pessoa contratou um serviço de acesso à Internet via cabo. O tipo de serviço contratado dá direito a apenas um ponto de acesso, embora ela precise de mais três. Durante uma conversa com um de seus amigos, ela ficou sabendo que o problema poderia ser facilmente resolvido, bastando, para tal, que ela comprasse um equipamento para disponibilizar uma rede sem fio em sua casa. Esse equipamento deverá ser conectado ao aparelho ao qual foi conectado o cabo que recebe os sinais enviados pela empresa responsável pelo serviço. Posteriormente, o aparelho, que deverá ser comprado, irá retransmitir esses sinais, via Wi-Fi, para os demais computadores da casa, interconectando, assim, as duas redes. O equipamento que essa pessoa deve comprar chama-se

a) usb

b) modem

c) bluetooth

d) roteador

e) adaptador de rede

68. A Figura a seguir exibe a caixa de diálogo Opções existente no Mozilla Firefox 27.0.1.

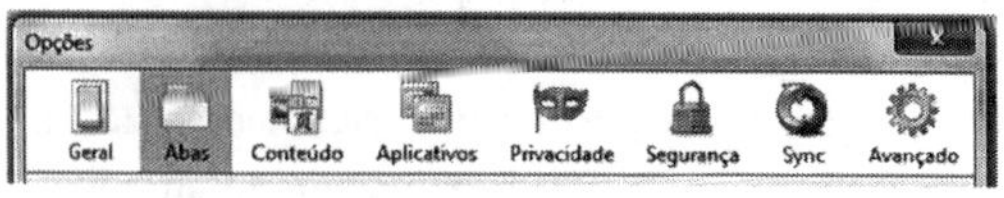

Em qual caixa de diálogo se encontra a opção que permite limpar todos os dados de navegação?

a) Avançado

b) Conteúdo

c) Geral

d) Privacidade

e) Sync

69. Informações importantes de uma pessoa que teve seu computador invadido foram coletadas e enviadas para terceiros. Um amigo, especialista em informática, sugere-lhe a instalação de um programa que bloqueie o acesso de outros computadores que estejam tentando se conectar a programas instalados em seu computador. Esse tipo de programa é chamado de

a) bloqueador de pop-ups

b) antivírus

c) filtro antispam

d) filtro antiphishing

e) firewall

70. Qual arquivo que, por questões de segurança, não pode ser enviado para terceiros através do Gmail diretamente anexado ao email?

a) prog.exe

b) relatorio.xlsx

c) carta.docx

d) foto.jpg

e) incio.html

71. Os códigos maliciosos desenvolvem a cada dia novos métodos de proliferação. A praga que utiliza a rede de comunicação de dados para se proliferar entre sistemas de computação vulneráveis é o;

a) worm

b) logic bomb

c) cavalo de tróia

d) flooder

e) spyware

72. Há características importantes que distinguem os códigos maliciosos denominados worm daqueles denominados trojan. Uma dessas características é a:

a) autorreplicação automática pela rede

b) instalação por execução de arquivo infectado

c) contaminação através de redes sociais

d) contaminação por compartilhamento de arquivos

e) instalação por execução explícita do código malicioso

73. Analise o diálogo apresentado a seguir.

— Sr. José, bom dia: Aqui fala o suporte técnico do seu provedor de Intemet. O senhor está feliz com o nosso atendimento?

— Sim, bastante.

— Sr. José, constatamos uma ligeira redução na velocidade da sua conexão e porisso gostariamos de confirmar alguns dados para poder estar melhorando o serviço que lhe prestamos. É possível?

—Pois não!

— O seu endereço é rua do Bastião, 37?

— Sim.

— O seu e-mail é jose.arrose(Qempresa.com.br?

— Sim.

— Muito obrigado, Sr. José, seus dados foram confirmados e podemos continuar nossa entrevista. O seu histófico de cliente bom pagador gerou um benefício. À sua velocidade de conexão será aumentada sem qualquer acréscimo na sua mensalidade. Bons clientes, melhores serviços. O senhor aceita esse prêmio por bom relacionamento?

— Sim.

— Sr. José, podemos fazer isso imediatamente, nossos Tecursos de acesso remoto incorporaram novas funcionalidades que permitem que eu mesmo, com um simples comando no meu computador, modifique a configuração do seu modem e troque essa velocidade. O senhor autori-72 essa manobra? São 10 M em lugar do seus 2 M atuais.

— Sim.

— O senhor, então, pode ditar sua senha de acesso, por favor?

—45284793.

— Muito obrigado, Sr. José. Aguarde uns 30 min e verifique como estarão mais rápidos os seus acessos. O seu provedor agradece.

Esse diálogo caracteriza um ataque à segurança da informação conhecido por

a) port scanner

b) cavalo de troia

c) spyware

d) técnica de entrevista

e) engenharia social

74. Um escriturário digitou o seguinte texto no MS Word:

> Os arquivos referentes a transações bancárias geram muito papel. O avansso tecnológico que criou os processos de digitalização ajudam a administração desse acervo relevante.

Após ter verificado que a palavra "avansso" estava digitada, equivocadamente, o escriturário resolveu fazer uma correção óbvia.

Para isso, colocou o cursor na palavra avansso; logo depois da letra n, pressionou as teclas crtl+delete; clicou no botão de negrito e completou a palavra corretamente, digitando as letras "ç" e "o".

Qual é a nova apresentação do parágrafo em que a palavra em questão se encontra?

a) Os arquivos referentes a transações bancárias geram muito papel. O **ço**sso tecnológico que criou os processos de digitalização ajudam a administração desse acervo relevante.

b) Os arquivos referentes a transações bancárias geram muito papel. O avan**ço** tecnológico que criou os processos de digitalização ajudam a administração desse acervo relevante.

c) Os arquivos referentes a transações bancárias geram muito papel. O **ço**

d) **ço** tecnológico que criou os processos de digitalização ajudam a administração desse acervo relevante.

e) Os arquivos referentes a transações bancárias geram muito papel. O avanço tecnológico que criou os processos de digitalização ajudam a administração desse acervo relevante.

75. O Facebook é uma rede social em que pessoas interagem postando conteúdo na forma de "status", interagindo com o conteúdo postado por outras pessoas por meio de três ações. Disponibilizadas por meio de links, logo após o conteúdo original, essas três ações aparecem na seguinte ordem:

a) Cutucar, Curtir e Comentar

b) Curtir, Comentar e Repostar.

c) Comentar, Compartilhar e Gostar.

d) Convidar, Curtir e Divulgar

e) Curtir, Comentar e Compartilhar

76. Na internet, para visualização de sites, são usados programas navegadores, tais como o

a) Adobe Reader.

b) Mozilla Firefox.

c) Office Publisher.

d) Outlook Express.

e) Windows Explorer.

77. As redes de computadores caracterizam-se pelo compartilhamento de recursos lógicos e físicos, por meio de sistemas de comunicação. Entre os recursos físicos de uma rede, **NÃO** se incluem os

a) modems

b) repetidores

c) softwares

d) transceptores

e) switches

78. Na internet, para visualização de sites, são usados programas navegadores, tais como o

a) Adobe Reader

b) Mozilla Firefox

c) Office Publisher

d) Outlook Express

e) Windows Explorer

79. Para navegar pela internet com segurança, os usuários devem ter cuidado com determinados procedimentos que podem pôr em risco as informações contidas em seu computador. Assim, um usuário **NÃO** deve

a) acessar hiperlinks em e-mails de remetentes desconhecidos.

b) ativar os recursos de segurança do navegador utilizado

c) atualizar o software navegador, mesmo se solicitado pelo fornecedor.

d) instalar complementos de sites, em hipótese alguma.

e) usar softwares de firewall e antivírus juntos no mesmo computador.

80. A Figura abaixo apresenta parte da barra de ferramentas e da barra de menus do aplicativo Microsoft Office Word, em sua configuração padrão.

É possível criar um novo documento em branco pressionando-se o seguinte botão:

a) 

b) 

c) 

d) 

e) 

81. Um serviço de segurança, presente em programas antivírus em algumas de suas versões, que pode ser configurado pelos usuários, é o serviço de

a) firewall

b) indexação

c) streaming

d) criação de malwares

e) reprodução de vídeos

82. Desenvolvidos para uso na Internet, navegadores como o Internet Explorer e o Mozilla Firefox possuem várias funções de exibição no menu Exibir, dentre as quais **NÃO** se inclui a função

a) Barras de ferramentas

b) Tela inteira

c) Codificação

d) Estilo

e) Complementos

83. Um texto digitado no aplicativo Word pode ser salvo pelo comando Salvar como..., além do seu formato original(Documento do Word), como um(a)

a) Arquivo do Microsoft Access

b) Documento do Windows Media Player

c) Apresentação do Microsoft PowerPoint

d) Planilha do Microsoft Excel

e) Página da Web de Arquivo Único

84. São programas para navegação na Internet (navegadores)

a) Mozilla Thunderbird e Mozilla Firefox

b) Internet Explorer e Microsoft Outlook

c) Microsoft Outlook e Internet Explorer

d) Safari e Mozilla Firefox

e) Safari e Mozilla Thunderbird

85. No aplicativo Word para visualizar marcadores de parágrafo e outros símbolos de formatação escondidos, o usuário pode selecionar e acionar (clicar) o botão

a) 

b) 

c) 

d) 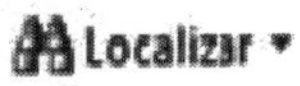

e) ¶

86. Um estudante resolveu aplicar o conceito de Tabela Hash sobre um conjunto de chaves de pesquisa W = {83, 102, 61, 35, 109} e para isso usou a função de transformação h(x) = x (mod 11). Quais as chaves cujas transformações colidem?

a) 35 e 61

b) 61 e 83

c) 83 e 102

d) 102 e 109

e) 109 e 83

87. Entre as principais tecnologias atuais de firewall, **NÃO** se inclui a seguinte tecnologia:

a) adaptativo

b) filtro de pacotes

c) barreira móvel

d) reativo

e) proxy

88. Sobre providências que, comprovadamente, preservam os dados armazenados em seu computador, analise as afirmativas abaixo.

I. Instalar muitos software antivírus, quanto mais melhor.

II. Fazer backup com frequência.

III. Utilizar senhas fáceis de lembrar, como datas de aniversário.

É correto o que se afirma em

a) I, apenas.

b) II, apenas.

c) I e III, apenas.

d) II e III, apenas.

e) I, II e III.

89. Internet Explorer e Mozilla Firefox são programas utilizados, entre outros fins, para

a) receber mensagens de e-mail pela Internet, usando um endereço IP do servidor que distribui as mensagens de e-mail usando o protocolo RS-232.

b) remover vírus ou programas maliciosos residentes nos computadores de determinada empresa, apagando arquivos que não sejam reconhecidos pelo firewall.

c) requisitar e exibir informações de servidores que armazenam, na Internet, páginas de usuários ou organizações.

d) encontrar sites seguros para enviar mensagens criptografadas com o protocolo telnet pela porta 48.

e) requisitar as páginas web armazenadas em um servidor hospedeiro de Internet por meio do protocolo RS-232.

90. Incluído,por padrão,no menu Ferramentas do aplicativo Microsoft Word, o comando Personalizar... pode ser usado para:

a) adicionar um comando a uma barra de ferramentas

b) alterar as formas de edição e de exibição de textos.

c) definir um formato de impressão de documentos.

d) definir os modos de formatação de tabelas.

e) modificar o tamanho das janelas de texto.

91. Diversas organizações optam por utilizar, em seus computadores, o sistema operacional Windows, o qual disponibiliza várias ferramentas importantes que viabilizam as atividades do dia a dia. A versão 10 do Windows oferece aos seus usuários um importante recurso que permite que seus arquivos sejam salvos para posterior recuperação em caso de eventuais falhas.

Qual é a denominação desse recurso na versão em português do Windows 10?

a) Estrutura Ribbon

b) Histórico de arquivos

c) MSE – Microsoft Security Essentials

d) Provedor de serviços TAPI

e) Windows Media Player

92. Nas configurações de conexão do navegador Mozilla Firefox, pode-se definir um servidor proxy, recurso utilizado para a redução do tráfego em rede.

O mecanismo de funcionamento de um servidor proxy

a) implementa o padrão IrDA, que estabelece conexão direta via fibra ótica.

b) utiliza uma área intermediária entre servidores de uma rede interna e usuários da internet.

c) especifica um equipamento que atua como uma cache entre o navegador Firefox e o servidor web.

d) transmite dados por arquiteturas que privilegiam a topologia de rede de campo ou metropolitana.

e) roteia o processamento para redes que utilizam tecnologias sem fio, impondo um padrão de segurança adicional.

93. A importante contribuição na evolução dos processos organizacionais, que o avanço da Tecnologia da Informação proporciona, acarreta, concomitantemente, a necessidade de um maior cuidado com questões referentes à segurança da informação. Evitar ataques aos sistemas de correio eletrônico é um dos objetivos dos especialistas em segurança. Um conhecido ataque que pode ser feito por e-mail é o spoofing.

Como o usuário sinaliza ao Gmail que um determinado e-mail é suspeito de ser spoofing?

a) Denunciando-o como spam.

b) Gerenciando marcadores.

c) Marcando-o como estrela.

d) Movendo-o para a lixeira.

e) Solicitando uma confirmação de leitura.

94. A gravação de cópias de segurança [backup] é um dos procedimentos mais importantes na garantia da operação de um ambiente computacional. Políticas de backup devem ser desenhadas pelos administradores de suporte das empresas, com vistas a manter a disponibilidade e a integridade do sistema computacional.

Uma providência importante referente à política de backup é

a) armazenar todos os volumes de backup em um só local.

b) automatizar backups de arquivos no formato Manchester Diferencial.

c) evitar a utilização de gerenciadores de backup de código aberto.

d) monitorar os volumes de backup gerados manualmente.

e) testar todos os volumes de backups gerados..

95. Códigos maliciosos [malware] são programas desenvolvidos para executar ações danosas e atividades maliciosas em uma grande diversidade de equipamentos. Dentre os vários tipos de malware, há um programa capaz de se propagar automaticamente pelas redes, explorando vulnerabilidades nos programas instalados e enviando cópias de si mesmo de equipamento para equipamento.

Esse programa é o

a) backdoor

b) spyware

c) rootkit

d) keylogger

e) worm

96. Determinado funcionário de uma empresa deseja substituir cálculos de verificação de rotinas financeiras que realiza manualmente pelo uso de uma planilha Excel. Durante sua primeira experiência preencheu um trecho de planilha com diversos valores, como mostrado abaixo.

	A	B	C	D
1	Conta corrente	Saldo		Resultado da pesquisa
2		Último mês	Mês corrente	
3	100201	1600,00	1715,00	
4	100202	1440,00	1550,00	
5	100203	1756,00	1620,00	
6	100204	1415,00	1950,00	
7	100205	1550,00	1360,00	
8	100206	1810,00	1900,00	
9	100207	1870,00	1490,00	
10	100208	1250,00	1630,00	
11	100209	1475,00	1700,00	
12	1002010	1612,00	1770,00	

Seu objetivo final é que as células da coluna D, correspondentes às contas correntes, sejam preenchidas com o texto SIM, caso os dois saldos da mesma conta corrente (último mês e mês corrente) sejam simultaneamente superiores a R$ 1500,00, ou, se isso não for verdade, se pelo menos um deles for superior a R$ 1800,00. Caso nenhuma dessas hipóteses ocorra, a célula correspondente deve ser preenchida com o texto NÃO. Para isso, deve iniciar seu processo final de criação da planilha, preenchendo a célula D3 com determinada fórmula para depois copiá-la para as células de D4 a D12. A fórmula que faz acontecer o que o funcionário deseja é:

a) =SE(E(B3>1500; C3>1500); (OU(B3>1800; C3>1800)))

b) =SE(E(B3>1500; C3>1500);"SIM"; (OU(B3>1800; C3>1800)))

c) =SE(E(B3>1500;C3>1500);"SIM"; SE(B3>1800;C3>1800))

d) =SE(E(B3>1500;C3>1500);"SIM";SE(OU(B3>1800;-C3>1800);"SIM";"NÃO"))

e) =SE(E(B3>1800;C3>1500);"SIM";SE(OU(B3>1800;-C3>1500);"SIM";"NÃO"))

Gabaritos

1	D	49	E
2	E	50	E
3	B	51	A
4	E	52	C
5	A	53	D
6	D	54	A
7	C	55	A
8	D	56	C
9	B	57	B
10	A	58	E
11	B	59	C
12	E	60	A
13	D	61	E
14	D	62	D
15	D	63	A
16	D	64	B
17	B	65	E
18	B	66	A
19	E	67	D

20	A	68	D
21	B	69	E
22	D	70	A
23	C	71	A
24	C	72	A
25	D	73	E
26	B	74	B
27	C	75	E
28	D	76	B
29	D	77	C
30	D	78	B
31	D	79	A
32	C	80	E
33	E	81	A
34	B	82	E
35	E	83	E
36	A	84	D
37	A	85	E
38	A	86	B
39	E	87	C
40	C	88	B
41	E	89	C
42	B	90	A
43	E	91	B
44	C	92	C
45	A	93	A
46	D	94	E
47	B	95	E
48	C	96	D

ATENDIMENTO BANCÁRIO, CONHECIMENTOS E COMPORTAMENTOS DIGITAIS, ÉTICOS E COMPLIANCE

7 ATENDIMENTO BANCÁRIO, CONHECIMENTOS E COMPORTAMENTOS DIGITAIS, ÉTICOS E COMPLIANCE

01. O gerente de uma agência bancária pretende aperfeiçoar suas ações de *telemarketing* receptivo.

Para atingir tal objetivo deverá

a) aumentar a realização de ligações efetuadas por semana.

b) comprar *mailing list* de clientes com potencial para serem contatados.

c) estabelecer um padrão de atendimento ao telefone.

d) preparar cursos de finanças e contabilidade empresarial.

e) treinar os funcionários na dinâmica do trabalho em equipe.

02. Uma ação eficaz, durante o atendimento bancário, para aumentar a possibilidade de fechar uma venda é

a) fazer perguntas para identificar as necessidades dos clientes.

b) incentivar o cliente a adquirir um novo produto de que não precisa.

c) induzir o correntista a comprar produtos que o banco precisa vender.

d) prospectar novos clientes com potencial para se tornarem correntistas do banco.

e) revelar ao cliente a pressão para que a equipe bata as metas de vendas.

03. Considere a situação a seguir.

Um cliente chega à agência bancária e tem de esperar mais de vinte e cinco minutos para ser atendido e abrir sua conta salário. Fica irritado com a demora e pede para falar com o gerente. Esse cliente relata o problema ao gerente e pede uma solução para que outros clientes não tenham de passar pelo mesmo que ele passou.

Em algumas situações de entrega de serviços, os clientes se sentem insatisfeitos e fazem reclamações. Quando essas reclamações são feitas com o intuito de gerarem alguma alteração na forma com que o serviço é prestado, mesmo que surtam efeito apenas em outra oportunidade, para outro cliente, elas têm uma denominação específica.

Na situação descrita acima, elas são denominadas reclamações

a) ativas

b) passivas

c) pessoais

d) paradoxais

e) instrumentais

04. Pensando em melhorar os serviços prestados em sua agência, um gerente desenvolveu ações de recrutamento e seleção de novos funcionários, promovendo, também, treinamento de novos e antigos profissionais alocados sob sua responsabilidade.

Considerando-se o *marketing* em empresas de serviços, o gerente está levando à frente atividades de *marketing*

a) inferior

b) interno

c) externo

d) superior

e) interativo

05. Ao analisar a qualidade do serviço prestado em sua agência, um gerente verificou que os funcionários são extremamente habilidosos para executar os serviços solicitados de forma segura, mas que não demonstram vontade de ajudar os clientes e de prestar serviços sem demora.

Dessa forma, o problema dos serviços prestados aos clientes da agência está localizado na dimensão da qualidade dos serviços denominada

a) empatia

b) tangíveis

c) segurança

d) confiabilidade

e) responsividade

06. A matriz de SWOT é uma ferramenta eficaz para o planejamento de vendas no setor bancário. Em relação aos fatores externos, essa matriz analisa a[s]

a) forças e fraquezas dos bancos

b) oportunidades e ameaças de mercado

c) campanhas de comunicação e *marketing* utilizadas

d) promoção e os produtos para os clientes

e) distribuição e os canais de acesso aos correntistas

07. Ao desenvolver a avaliação estratégica de uma empresa, o diretor percebeu que a principal fonte de vantagem competitiva da organização estava situada na alta eficiência dos sistemas de informação e planejamento e na qualidade das relações interpessoais dentro dos departamentos e entre os mesmos.

Com base nessa informação, o diferencial de vantagem da empresa em questão está localizado na área de

a) gestão

b) produção

c) tecnologia

d) *marketing*

e) recursos naturais

08. Um estudo de campo em uma agência bancária revelou que, na percepção dos clientes, alguns bancários eram muito atenciosos, outros nem tanto.

Para equilibrar a qualidade do atendimento aos clientes nessa agência, deve-se

a) ampliar a vigilância sobre os bancários e o controle dos clientes.

b) reforçar as campanhas promocionais do banco perante o público.

c) treinar a equipe com base em protocolos e padrões de atendimento.

d) aumentar a divulgação dos diferenciais do banco nas mídias sociais.

e) usar a verba gasta em pesquisas de satisfação dos clientes em outras ações mercadológicas.

09. As propagandas de um determinado banco falam de atendimento de alta qualidade e produtos financeiros que atendem a todas as necessidades dos clientes. O banco investiu muito em equipamentos e no treinamento dos funcionários, de forma que a entrega do serviço de alta qualidade é esperada por todos os diretores da instituição.

Com base no triângulo de serviços, o momento da verdade, quando ocorre a interação entre cliente e organização, e o serviço é produzido e consumido, está relacionado ao *marketing*

a) interno

b) externo

c) dimensional

d) hierárquico

e) interativo

10. Uma vez que o banco identificou seu segmento de mercado e desenvolveu serviços de qualidade, o gerente criou um programa de fidelidade que estimula os clientes a contratarem mais serviços do banco. A cada serviço contratado, uma quantidade de pontos é creditada ao cliente, que pode trocar esses pontos por descontos em tarifas ou compras em um site de vendas.

Essa estratégia de retenção de clientes é denominada estratégia de laços

a) sociais

b) afetivos

c) financeiros

d) interpessoais

e) de Customização

11. Visando a melhorar a qualidade dos serviços prestados nas agências sob sua direção, o diretor de atendimento de um banco contratou um consultor. Após realizar visitas a todas as agências desse banco, o consultor verificou que os funcionários estavam trabalhando em sintonia, o que demonstrava que o treinamento era correto, e o atendimento do pessoal da recepção, dos caixas e dos gerentes era cordial e atencioso. Alguns clientes que apresentavam necessidades específicas eram tratados de maneira individualizada. Os clientes estavam satisfeitos e afirmavam que as promessas que constavam nos anúncios do banco eram entregues nessas agências. Entretanto, foi observado que o estado de conservação de todas as agências era ruim, a climatização era inadequada, e os equipamentos de autoatendimento apresentavam defeitos constantemente.

Nesse caso, o consultor aponta problemas com a dimensão da qualidade de serviços denominada

a) empatia

b) tangíveis

c) segurança

d) confiabilidade

e) responsividade

12. D é um cliente de renomada instituição financeira e foi atingido por criminosos digitais que entraram em sua conta-corrente e realizaram várias operações financeiras, incluindo saques, transferências, pagamentos e empréstimos, gerando vultoso prejuízo para o correntista. Cumprindo os protocolos, D dirigiu-se à agência bancária onde possuía sua conta-corrente e efetuou contestações às operações, bem como comunicou a fraude ao serviço de atendimento. A instituição comunicou que analisaria as contestações no prazo de trinta dias. Inconformado com o prazo que considerou longo e tendo em vista possuir contas a pagar, D apresentou reclamação à Ouvidoria.

Nos termos da Resolução CMN nº 4.860, de 23 de outubro de 2020, é atribuição da Ouvidoria, quando as demandas dos clientes e usuários de produtos e serviços não tiverem sido solucionadas nos canais de atendimento primário da instituição, prestar atendimento de

a) urgência

b) recurso

c) última instância

d) previsibilidade

e) excepcionalidade

13. Na composição do Sistema Financeiro Nacional no Brasil, o órgão normativo responsável pela fixação das metas para a inflação, pelas diretrizes da política cambial e pelas normas inerentes ao funcionamento das instituições financeiras é o[a]

a) Banco Central do Brasil

b) Banco do Brasil

c) Conselho Monetário Nacional

d) Caixa Econômica Federal

e) Comissão de Valores Mobiliários

14. O Sistema Financeiro Nacional abarca diferentes tipos de mercado, definidos pelos objetivos e características de cada um deles.

O tipo de mercado que permite às empresas em geral captar recursos de terceiros e compartilhar os ganhos e riscos envolvidos nos negócios é denominado mercado

a) de capitais
b) de trabalho
c) de crédito
d) de câmbio
e) monetário

15. A Comissão de Valores Mobiliários [CVM] detém personalidade jurídica e patrimônio próprios, é dotada de autoridade administrativa independente, conta com mandato fixo, estabilidade de seus dirigentes e autonomia financeira e orçamentária.

A CVM funciona como

a) empresa de economia mista
b) autarquia em regime especial
c) entidade sem vínculo governamental
d) entidade governamental com fins lucrativos
e) entidade privada

16. Na estrutura do Sistema Financeiro Nacional, algumas instituições funcionam com o objetivo principal de prover recursos necessários para financiar, a curto e a médio prazos, o comércio, a indústria, as empresas prestadoras de serviços, as pessoas físicas e terceiros em geral.

Tal objetivo envolve tarefas típicas dos bancos

a) de investimento
b) de desenvolvimento
c) centrais
d) múltiplos
e) comerciais

17. O técnico bancário pode participar das ações de *marketing* de relacionamento do banco em que trabalha. Para isso, ele deve ser capaz de

a) bater as metas definidas e incrementar suas comissões de vendas.
b) induzir os clientes a investir em produtos de que não precisam.
c) redigir mensagens publicitárias e criativas para os clientes.
d) reduzir os custos operacionais da agência em que trabalha.
e) satisfazer as necessidades dos clientes no longo prazo.

18. A percepção dos clientes em relação ao preço praticado para um determinado produto depende de uma série de fatores.

Um fator que influencia essa percepção é o

a) conjunto de produtos em estoque
b) custo fixo que incide sobre a lucratividade
c) número de funcionários da empresa
d) perfil econômico e político da diretoria
e) valor dado ao produto pelo mercado

19. A localização, a disponibilidade e a acessibilidade das agências bancárias se relacionam com qual elemento do composto de *marketing* de um banco?

a) Distribuição
b) Posicionamento
c) Preço
d) Produto
e) Promoção

20. Um banco comercial lançou uma campanha publicitária em mídia televisiva, usando, de forma lúdica, desenhos animados para a comunicação com os clientes. Nas mensagens passadas pelos personagens, é nítida a preocupação desse banco com questões intrínsecas às variáveis do composto de *marketing* de serviços. Os vídeos veiculados falam da gentileza e da competência dos gerentes, da adequação do valor das taxas de juros, do programa de Redução de Tarifas, das diversas opções para interagir com o banco [Agências, *Internet Banking*, Telefone de Atendimento e Caixas Automáticos], da confiabilidade dos serviços de Telefone de Atendimento, e fornecem todas as informações sobre os produtos de Investimento [Poupança, Fundos e CDB's].

Se for feito um paralelo dessas mensagens com os "P" do composto de *marketing* de serviços, identifica-se que se enfatiza a importância

a) do preço, quando se apresenta a confiabilidade dos serviços de telefone de atendimento.
b) das praças, quando se apresentam as diversas opções para interagir com o banco (Agências, *Internet Banking*, Telefone de Atendimento e Caixas Automáticos).
c) dos processos, quando se ressalta a gentileza e a competência dos gerentes, que conhecem as necessidades do cliente.
d) dos pedidos, quando se fornecem todas as informações sobre os produtos de Investimento (Poupança, Fundos e CDB's).
e) do posicionamento, quando se enfatiza a adequação do valor das taxas de juros e do programa de Redução de Tarifas.

21. O gerente de vendas de um banco tem sustentado que, para que as recompensas e os incentivos da empresa tenham impacto sobre a motivação, os profissionais de vendas precisam valorizar essas recompensas, isto é, sentir que as recompensas valem o esforço.

Essa afirmação está embasada na teoria

a) do conflito de papéis
b) dos dois fatores
c) da expectativa
d) da ambiguidade de papéis

e) do enriquecimento do trabalho

22. Uma pessoa é submetida a processo criminal, acusada de realizar atos de lavagem de dinheiro. Nos termos da Lei nº 9.613/1998, a pena será aumentada de um a dois terços se os crimes forem cometidos de forma

a) concreta

b) continuada

c) instantânea

d) produzida

e) reiterada

23. Um servidor público federal deseja mudar os rumos de sua carreira para integrar instituição financeira pública. Sabedor dos rígidos critérios de seleção, inicia seu preparo estudando as características das instituições.

Nos termos das normas em vigor, a Caixa Econômica Federal é uma instituição financeira sob a forma de

a) sociedade de economia mista com capital público

b) empresa pública, de natureza jurídica de direito privado

c) autarquia sob regime de sociedade anônima

d) fundação especial para prestação de serviços financeiros

e) organização social para implementação de políticas públicas

24. Um correntista do Banco J é corriqueiramente atendido pelo gerente. Além do salário, esse correntista recebe diversos depósitos decorrentes de atividades negociais privadas. Em determinado período, a conta-corrente passou a receber saques desproporcionais ao movimento normal. Nos termos da Carta-Circular Bacen no 4001/2020, tais operações passam a ser consideradas suspeitas, tendo em vista sua

a) atipicidade

b) conveniência

c) imprevisibilidade

d) organicidade

e) solvência

25. Uma pessoa realiza contrato de financiamento bancário no qual consta cláusula que obriga o mutuário a celebrar seguro com determinada companhia seguradora. Nos termos da adequada interpretação do Código de Defesa do Consumidor, a cláusula

a) deve ser cumprida se houver sanção.

b) deve ser considerada abusiva.

c) deve ser lida como facultativa.

d) é tradicional e deve ser mantida.

e) é considerada essencial para o financiamento.

26. Uma pessoa realiza contrato de financiamento bancário no qual consta cláusula que obriga o mutuário a celebrar seguro com determinada companhia seguradora.

Nos termos da adequada interpretação do Código de Defesa do Consumidor, a cláusula

a) Banco Central

b) Banco Cooperativo

c) Congresso Nacional

d) Conselho Monetário

e) Mercado financeiro

27. Uma pessoa realiza operação mercantil que redunda na emissão de título de crédito que, além do emitente, possui avalista.

Nos termos do Código Civil, para a validade do aval dado no anverso do título, é suficiente a simples

a) assinatura do avalista

b) emissão pelo avalista

c) comunicação pelo avalista

d) confirmação do avalista

e) referência pelo avalista

28. O titular da propriedade de inúmeros bens desenvolve, também, várias atividades mercantis e tem necessidade de garantir por hipoteca um determinado contrato.

Nos termos do Código Civil, podem ser objeto de hipoteca

a) animais de estimação

b) criações exóticas

c) gado de corte

d) navios

e) obras de arte

29. O Sistema Financeiro Nacional é constituído por um conjunto de instituições financeiras, cada uma delas caracterizada pelas funções mais importantes que assume.

As instituições financeiras que financiam investimentos, com juros subsidiados ou não pelo governo, com o objetivo de fomentar a atividade econômica de uma região ou de um país no longo prazo são os bancos

a) centrais

b) múltiplos

c) comerciais

d) de investimento

e) de desenvolvimento

30. Fundado em 1930, o Banco de Compensações Internacionais [BIS] é a mais antiga instituição financeira do mundo. Dentre suas atribuições, identificam-se a de auxiliar na manutenção da estabilidade monetária e financeira e a de fomentar a cooperação internacional nessas áreas de interesse, coordenando diversos comitês ao redor do globo.

No Brasil, a instituição que representa o BIS em comitês, como Comitê da Basileia de Supervisão Bancária, o Comitê do Sistema Financeiro Global, o Comitê de Pagamentos e Infraestruturas de Mercado e o Comitê de Mercados, é

a) CVM

b) Susep

c) Previc

d) Bacen

e) BNDES

31. Responsável pela formulação da política da moeda e do crédito, o Conselho Monetário Nacional [CMN] é um órgão normativo. Dentre suas atribuições, estão a definição da meta para a inflação, a formulação das diretrizes para o câmbio e o estabelecimento das normas principais para o funcionamento das instituições financeiras.

Além do CMN, outros dois órgãos normativos do sistema financeiro são

a) CNPC e CNSP

b) Susep e Previc

c) Bolsa de Valores e CNPC

d) BC e CVM

e) Instituições de Pagamento e CNSP

32. X, que é amigo de Y, necessitava realizar uma operação de financiamento, com emissão de títulos de crédito. Por força da relação afetiva, Y foi avalista dos títulos dessa operação de financiamento para X. A maior parte das operações financeiras foi quitada pelo devedor. No entanto, duas operações não foram cumpridas regularmente, resultando no pagamento delas pelo avalista.

Considerando-se as normas previstas no atual Código Civil, pagando o título, tem o avalista Y contra o seu avalizado X ação de

a) caução

b) regresso

c) sub-rogação

d) necessidade

e) financiamento

33. M é correntista do Banco FTW, que está em dificuldades de liquidez e não está honrando diversos pedidos de resgate das aplicações realizadas.

Nesse caso, de acordo com as normas aplicáveis à espécie, proteger depositantes e investidores no âmbito do sistema financeiro, até os limites estabelecidos pela regulamentação própria, é uma das funções do

a) Fundo de Recuperação de Investimentos

b) Fundo Especial de Privatização

c) Fundo Garantidor de Créditos

d) Fundo Privado Interbancário

e) Fundo Público de Refinanciamento

34. A pandemia mudou procedimentos de segurança e higiene em canteiros de obras, mas quem percorre de carro o interior e o litoral de alguns estados brasileiros se depara com a construção de dezenas de parques eólicos e solares que entrarão em operação nos próximos meses. Apenas a capacidade de geração do setor eólico no Brasil deve pular de 17 mil para 28 mil megawatts até 2024, resultado de 44 bilhões de reais em investimentos e mais de 10 mil empregos gerados. Desse total de inversões e postos de trabalho, 80% estão concentrados em uma única região do País, que terá no setor de infraestrutura um dos principais motores da retomada do crescimento nos próximos anos. Um dos principais setores que deverão receber vultosos investimentos ao longo dos anos é o de energia.

ROCKMANN, R. A Hora da Reação. Revista **Carta Capital**, Ano XXVI, n. 1136, 16 dez. 2020, p.32. Adaptado.

A maior parte das inversões no setor de energia citadas no texto está concentrada na região

a) Sul

b) Norte

c) Sudeste

d) Nordeste

e) Centro-Oeste

35. "O Scrum é um arcabouço que ajuda pessoas, times e organizações a gerar valor por meio de soluções adaptativas para problemas complexos."

SCHWABER, K.; SUTHERLAND, J. **O Guia do Scrum**, O Guia Definitivo para o Scrum:

As Regras do Jogo. Nov. 2020. p 3. Adaptado.

Para cumprir seu objetivo, o Scrum se baseia em quatro eventos formais, contidos dentro de um evento de maior duração: a Sprint.

Tais eventos formais implementam os três pilares empíricos do Scrum, que são

a) compromisso, abertura e adaptação

b) respeito, coragem e foco

c) respeito, inspeção e adaptação

d) transparência, compromisso e respeito

e) transparência, inspeção e adaptação

36. Cabe ao Conselho Monetário Nacional

a) formular a política da moeda e do crédito, com o objetivo de manter a estabilidade da moeda e o desenvolvimento econômico e social do país.

b) fiscalizar, normatizar, disciplinar e desenvolver o mercado de valores mobiliários no Brasil.

c) garantir a estabilidade do poder de compra da moeda, zelar por um sistema financeiro sólido, eficiente e competitivo e executar a política monetária com o objetivo de manter a inflação na meta.

d) intermediar e custodiar o dinheiro entre poupadores e aqueles que precisam de empréstimos, além de providenciar serviços financeiros para os clientes, como saques, empréstimos, investimentos, entre outros.

e) atuar nos mercados financeiro, cambial e de capitais, intermediando a negociação de títulos e valores mobiliários entre investidores e tomadores de recursos.

37. Existe um tipo de instituição financeira, formada pela associação de pessoas, cujo objetivo é prestar serviços financeiros exclusivamente aos seus associados, tais como conta-corrente, aplicações financeiras, cartão de crédito, empréstimos e financiamentos. Trata-se de instituição financeira que, embora supervisionada pelo Banco Central do Brasil, não tem acesso à câmara de compensação de cheques, aos créditos oficiais, à reserva bancária e ao mercado interfinanceiro.

A instituição financeira descrita é denominada

a) banco comercial

b) caixa econômica

c) cooperativa de crédito

d) banco comercial cooperativo

e) corretora de títulos e valores mobiliários

38. Considere o texto a seguir.

O bom desempenho dos grandes bancos em meio à pior recessão da história brasileira comprovou a solidez do sistema financeiro do país, porém colocou sob os holofotes o poder de mercado dessas instituições – que não era desconhecido, mas se mostrou maior do que se podia imaginar. Se na crise de 2008, os bancos americanos e europeus viram seus resultados despencarem, as cinco maiores instituições do país absorveram mais de R$360 bilhões em calotes no crédito desde 2014, sem que sua rentabilidade, sempre entre as maiores do setor em comparações internacionais, fosse substancialmente afetada. Mesmo após a perda com inadimplência e todos os outros custos, inclusive tributários, o lucro somado desse grupo de bancos atingiu R$244 bilhões entre 2014 e 2017 (...). “Aqui, os bancos têm domínio da oferta de crédito. Com isso, não há competição forte”, diz Alberto Borges Matias, professor aposentado da USP e presidente do Instituto de Ensino e Pesquisa em Administração (Inepad).

MOREIRA, T; TORRES, F. Crise coloca sob holofotes poder de mercado dos bancos. **Valor Econômico**, 21 mar. 2018, p.C4. Adaptado.

De acordo com o texto, a despeito da grave recessão ocorrida no período 2015-2016 e das perdas com inadimplência, o principal fator que explica a elevada rentabilidade dos principais bancos que atuam no Brasil, no período recente, foi a(o)

a) ausência de regulação do sistema bancário brasileiro.

b) elevada concentração bancária.

c) elevada taxa de juros incidente sobre os recursos captados pelos bancos.

d) elevado percentual dos depósitos compulsórios exigidos pelo Banco Central.

e) elevado custo de tributação bancária.

39. No final de março de 2018, as autoridades monetárias brasileiras anunciaram que as alíquotas dos depósitos compulsórios incidentes sobre depósitos à vista seriam reduzidas de 40% para 25%. Tendo em vista a dinâmica do mercado financeiro, essa medida objetiva, principalmente,

a) reduzir o nível de inadimplência observado no sistema bancário brasileiro

b) aumentar a regulação do sistema bancário brasileiro.

c) estimular os encaixes voluntários do sistema bancário brasileiro.

d) aumentar a oferta de crédito para empresas e consumidores no Brasil.

e) igualar as taxas de juros médias cobradas pelos bancos às taxas de juros básicas determinadas pelo Banco Central do Brasil.

40. Os agentes econômicos bem informados, sejam empresas ou consumidores, estão sempre atentos às decisões do Comitê de Política Monetária [Copom] do Banco Central do Brasil, com respeito à fixação da taxa de juros básica de curto prazo [a taxa Selic], porque esta influencia as demais taxas de juros da economia como um todo. De agosto de 2016 a março de 2018, a taxa Selic foi reduzida de 14,25% a.a. para 6,50% a.a., o que, descontada a inflação anual, significou maior convergência entre as taxas de juros reais brasileiras e internacionais.

Tendo em vista a determinação das taxas de juros básicas de curto prazo num país que adota um regime de metas de inflação, como o Brasil, os dois fatores que justificam a contínua e significativa redução da taxa Selic no país, desde agosto de 2016, foram a(o)

a) queda da inflação ao consumidor (IPCA) e o baixo nível de desemprego no Brasil.

b) enorme volatilidade do Ibovespa e o ambiente de incerteza nos mercados globais.

c) rápida recuperação em curso da economia brasileira e o cenário econômico externo favorável.

d) significativo crescimento econômico doméstico e a recuperação dos preços das *commodities* exportadas pelo Brasil.

e) convergência das expectativas de inflação para as metas de inflação anuais e os níveis elevados de capacidade ociosa da economia brasileira.

Gabaritos

1	C	21	C
2	A	22	E
3	E	23	B
4	B	24	A
5	E	25	B
6	B	26	A
7	A	27	A
8	C	28	D
9	E	29	E
10	C	30	D
11	B	31	A
12	C	32	B
13	C	33	C
14	A	34	D
15	B	35	E
16	E	36	A
17	E	37	C
18	E	38	B
19	A	39	D
20	B	40	E